英語授業における

「言語の使用場面」と
「言語の働き」活用ガイド

Practical Guide for Teachers to Explain Situations and Functions
for Language Use in English Classrooms

杉田 由仁 著

大学教育出版

は じ め に

　「実践的コミュニケーション能力の育成」を目標として掲げた平成 10 年度版『中学校学習指導要領』から「言語活動を行うにあたり、言語の使用場面や言語の働きを取り上げるようにすること」（文部科学省，1999）が明記され、日常の授業において実際的な言語の使用場面の設定や、言語の働きを意識した指導において手がかりになるように「言語の使用場面」や「言語の働き」の具体例が示されるようになりました。

　それまでの日本の中学校や高等学校における英語授業では「言語知識」の習得をまずめざし、その後に「言語運用」の機会を確保する「順次型英語教育」の考え方に基づく実践が長く行われてきました。しかしその実態は「言語知識」の習得に 50 分間の授業時間の多くが費やされ、「言語運用」は疎かになりがちでした。そのような実態に対して、言語の使用場面や働きを取り上げて指導することを求めるということは、生徒全員が言語知識として習得した同じ表現を使って言語活動を行わせるというそれまでの順次型指導から、言語活動の中で「適切な表現を自ら考える」指導への転換を意図するものでした。つまりこの指導要領を契機として、日本の中学校や高等学校における英語授業は、「言語運用」が「言語知識」の習得と並行して展開する「並行型英語教育」への構造転換を求められることになったのです。

　当時、中学校の英語教員をしていた私にとって、並行型英語教育への構造転換は決して容易ではありませんでした。英語のネイティブスピーカーに出会う機会などは全くない山梨県の中学校・高校で英語を学び、コミュニケーションのための英語とは無縁の授業を通して習得することができたのは言語知識のみという世代の教員です。正直なところ「言語の使用場面」や「言語の働き」についての具体例を見ても、いったいこれをどのように日々の授業で活かせばよいのか全くイメージが湧かなかったことをよく覚えています。一念発起して、上京した際に洋書の専門店に行き Wilkins（1985）の *Notional Syllabuses*（Oxford University Press）などを買い求めて読んでみましたが、当時の私

の英語力と英語教育に関する知識では十分に解読することはできず、実質的な授業改善には至りませんでした。

　この度「言語の使用場面と働き」に関する著作に取り組ませていただいた理由は、英語で適切に表現し伝え合うためには「英語によるコミュニケーションにおける見方・考え方」を確かで豊かなものにする必要があるからです。具体的には、実際の言語使用場面において、言語使用の目的に合う働き・機能をもつ英語表現を適切に選び、目的達成のために意味のあるやり取りを行うための能力を育成することに他なりません。しかし、言語の使用場面と働きについてわかりやすく実践的に解説している資料は極めて少ないという実態があります。確かに『学習指導要領解説』には場面・働きの例示に加えて適切な「表現例」まで示されていますが、質的・量的に決して十分とは言えません。また、*Threshold Level 1990* を翻訳した『新しい英語教育への指針—中級学習者レベル指導要領—』（米山・松沢，1998）は非常に貴重な参考資料ですが、「しきいレベル」と学習指導要領に示された日本の学校英語教育のレベルにはギャップがあり、そのまま活用することには無理があります。

　2021年度から順次実施される学習指導要領においては、これまでの高等学校に加えて中学校においても、「授業をコミュニケーションの場」とするために「英語で指導することを原則とする」という方針に沿って、実際の言語使用に近い言語活動が中心となる授業づくりをめざし、「言語の使用場面」と「言語の働き」を考慮しながら、他の技能と組み合わせて「有機的」な指導を行うことの重要性が強調されています（文部科学省，2011；同，2012）。本書は、そのような授業づくりを行うために「言語の使用場面と働き」を具体的にどのように取り上げて指導すればよいのかを検討する際の参考資料と位置づけられるものです。先生方が「言語の使用場面」や「言語の働き」についていっそう理解を深められ、生徒たちの英語コミュニケーション能力育成につながる授業づくりに役立つことを願っています。

　なお、本書は2021年度明治学院大学学術振興基金による助成を受けて刊行させていただきました。ここに記して、感謝を申し上げます。

2021年11月

杉田　由仁

英語授業における「言語の使用場面」と「言語の働き」活用ガイド

目　次

「場面別機能」参照ページ早見表

(ア) コミュニケーションを円滑にする		
機能1	話し掛ける（中）	p.31
機能2	相づちを打つ	p.31
機能3	聞き直す	p.31
機能4	繰り返す	p.32
機能5	言い換える（高）	p.32
機能6	話題を発展させる（高）	pp.32-33
機能7	話題を変える（高）	p.33
(イ) 気持ちを伝える		
機能1	礼を言う（中）・感謝する（高）	p.34
機能2	好みを言う／問う	p.34
機能3	褒める	pp.34-35
機能4	苦情を言う（中）	p.35
機能5	謝る	pp.35-36
機能6	歓迎する（中）	p.36
機能7	共感する（高）	p.36
機能8	望む（高）	p.37
機能9	驚く（高）	p.37
機能10	心配する（高）	p.38
(ウ) 事実・情報を伝える		
機能1	説明する／確認する	pp.39-40
機能2	報告する	p.40
機能3	発表する（中）	p.40
機能4	描写する	p.41
機能5	理由を述べる（高）	p.41
機能6	要約する（高）	p.41
機能7	訂正する（高）	p.42
機能8	質問する	p.42

(エ)　考えや意図を伝える		
機能1	申し出る	p.43
機能2	提案する（高）	pp.43-44
機能3	約束する（中）	p.44
機能4	意見を言う（中）・主張する（高）／確信の程度を表明する	pp.44-45
機能5	賛成する	p.45
機能6	反対する	p.46
機能7	承諾する	p.46
機能8	拒否する／断る	p.47
機能9	推論する（高）	pp.47-48
機能10	仮定する	p.48
(オ)　相手の行動を促す		
機能1	話し掛ける（中）	p.49
機能2	依頼する	p.49
機能3	招待する（中）・誘う（高）	p.50
機能4	命令する	p.50
機能5	許可する（高）	p.51
機能6	助言する（高）	pp.51-52
機能7	注意を引く（高）	p.52
機能8	説得する（高）	p.52

（中）は中学校での、（高）は高等学校での学習を表す。

第 1 章
言語の使用場面

1. 言語の使用場面の例

　1999 年 3 月末に高等学校学習指導要領が発表され、2002 年からの学習指導要領が出そろい、中・高一貫して「実践的コミュニケーション能力の育成」を目標とする 21 世紀の英語教育がスタートしました。実践的コミュニケーション能力は「情報や相手の意向などを理解したり自分の考えなどを表現したりするコミュニケーション能力」と定義され、英語によるコミュニケーションで情報や自分の考えなどのような意味内容を伝え合う能力の育成が教室における英語指導の重点となりました。

　このような実践的コミュニケーション能力を育成する手立てとして、授業においては具体的な「言語の使用場面」を設定してコミュニケーション活動を行うことが求められました。『中学校学習指導要領（平成 10 年 12 月告示）』においては下記の場面が例示されました。

---

a　特有の表現がよく使われる場面
　・あいさつ
　・自己紹介
　・電話での応答
　・買い物
　・道案内

```
    ・旅行
    ・食事　など
 b　生徒の身近な暮らしにかかわる場面
    ・家庭での生活
    ・学校での学習や活動
    ・地域の行事 など
```

　当時の中学校英語教育では特に「聞くことや話すことなどの実践的コミュニケーション能力」の育成が目標とされ、授業では実際の言語使用に近い場面設定を行い、コミュニケーション活動を行うことが求められました。そのような場面設定を行うための手がかりとして、言語の使用場面というものが、学習指導要領に初めて例示されることになりました。『高等学校学習指導要領（平成11年3月告示)』においても下記の例示が行われました。

```
（ア）　個人的なコミュニケーションの場面
　　　　電話、旅行、買い物、パーティー、家庭、学校、レストラン、病院、イ
　　　　ンタビュー、手紙、電子メール　など
（イ）　グループにおけるコミュニケーションの場面
　　　　レシテーション、スピーチ、プレゼンテーション、ロール・プレイ、ディ
　　　　スカッション、ディベート　など
（ウ）　多くの人を対象にしたコミュニケーションの場面
　　　　本、新聞、雑誌、広告、ポスター、ラジオ、テレビ、映画、情報通信ネッ
　　　　トワーク　など
（エ）　創作的なコミュニケーションの場面
　　　　朗読、スキット、劇、校内放送の番組、ビデオ、作文　など
```

　2011年から実施された『中学校学習指導要領（平成20年3月告示)』においては、目標とする能力の表記が「実践的コミュニケーション能力」から「コミュニケーション能力」に改められましたが、言語の使用場面については、前回と変わることなく「a 特有の表現がよく使われる場面」と「b 生徒の身近な

暮らしに関わる場面」の2つに分けて例示が行われ、内容についての変更等はありませんでした。しかし『高等学校学習指導要領（平成21年3月告示）』では、中学校における指導内容との連携を視野に入れ、

  a　特有の表現がよく使われる場面

  b　生徒の身近な暮らしや社会での暮らしにかかわる場面

  c　多様な手段を通じて情報などを得る場面

の3つに整理して、それぞれについて下記の例示が行われました。

---

  a　特有の表現がよく使われる場面

    ・買い物

    ・旅行

    ・食事

    ・電話での応答

    ・手紙や電子メールのやりとり　　など

  b　生徒の身近な暮らしや社会での暮らしにかかわる場面

    ・家庭での生活

    ・学校での学習や活動

    ・地域での活動

    ・職場での活動　　など

  c　多様な手段を通じて情報などを得る場面

    ・本、新聞、雑誌などを読むこと

    ・テレビや映画を観ること

    ・情報通信ネットワークを活用し情報を得ること　　など

　2021年度から完全実施となる『中学校学習指導要領（平成29年3月告示）』においては、「生徒の身近な暮らしに関わる場面」を先に示し、「特有の表現がよく使われる場面」が後に示されています。その理由については「言語の使用場面としては前者が主であり、様々な場面が想定されるからである」（p.69）という説明が行われています。例示の内容にも多少の変更（下線部）があり、下記の通りとなっています。

> a　生徒の身近な暮らしにかかわる場面
> 　　・家庭での生活
> 　　・学校での学習や活動
> 　　・地域の行事　　など
> b　特有の表現がよく使われる場面
> 　　・自己紹介
> 　　・買い物
> 　　・食事
> 　　・道案内
> 　　・旅行
> 　　・電話での対応
> 　　・<u>手紙や電子メールのやり取り</u>　　など

　『高等学校学習指導要領（平成30年3月告示）』においても同様に、「生徒の暮らしに関わる場面」と「多様な手段を通して情報などを得る場面」を先に示し、「特有の表現がよく使われる場面」が後に示されていますが、内容的には特に前回からの変更はありません。

　このように、20年間における3回の指導要領改訂の経緯からも明らかな通り「言語の使用場面」は学習指導要領における記載事項として定着しています。しかし、いずれの改訂においても、「言語の使用場面の例」を示す指導の手がかりにとどまっており、教室においてどのように提示して指導すればよいか具体的に説明されていません。また、その例示を教科書の各単元の言語使用場面と照合することは意外に難しく、教材における言語使用場面を特定することができないケースが多々あります。そのため、中学校や高等学校の授業でコミュニケーション能力を育成する手立てとして、言語の使用場面を有効に活用することができない実態があることは否めません。そこで本章では、場面を重視して行う英語教授法を概観し、言語の使用場面を有効活用する方法について考えてみたいと思います。

2. 場面中心教授法（Situational Method）

　再検討の第一歩として、1949 年から 1960 年にかけて英国の言語教育の専門家たちによって開発された「場面中心教授法」を概観してみたいと思います。この教授法は、文法訳読法による外国語教育に反対する立場から生まれたダイレクト系メソッドのうち、自然主義的接近法（Natural Approaches）を唱導したグアン（François Gouin）の直接教授法を発展させたもので、教材の選択・編成・提示が「場面」に基づいて行われます。「レストランで」「ホテルで」「郵便局で」など、学習者が実生活で出会う可能性がある場面をテーマとして設定し、そのテーマに沿った会話を教材として授業を展開します。具体的な言語使用場面によって単元が構成されるので、各場面で用いられる特有の表現を学ぶことにより、学習者は近い将来における類似した場面でのやり取りに備えることができ、学習に対する動機づけにもつながります。また、場面設定を行うために、絵や実物などの視覚教具を有効活用し、対話形式の教材によってやり取りの練習を効果的に行うこともできます。
　しかし、各単元のテーマをよく調べてみると、例えば

At the bank: question forms
At a garage: imperatives
At a hotel: present perfect

などのように、テーマとして設定された場面を通して、ターゲットとなる文法項目を指導するような教材構成となるのが通例です（McDonough & Shaw, 2003, p.12）。また、それぞれの場面で特有の表現を選定して教材化しますが、実際のコミュニケーション場面では想定した通りには展開しないことが多く、せっかく学んだ表現が使えないケースもあります。つまり、場面中心教授法は、選定する場面を学習者のニーズに合わせ、具体的な状況に外国語で対処できるように準備させることを授業の目的として行われますが、実質的には文

法中心の指導法で、新出文法項目を場面の中で提示して、その練習や活動を行うという PPP（Presentation-Practice-Production）の先例と位置付けられます。さらに、教材の編成に際しても、テーマとする場面をさまざまな学習者のニーズに合わせて選定することは困難で、一般化した形で決めることになり、その状況において予測される言語表現をすべて網羅することは到底不可能と言えます。

　ですから、場面中心教授法は言語教育において「場面」を通して指導することの有効性を示唆した点は評価できますが、本質的にコミュニケーション能力を高めるための指導法とは異なるものです。現在の中学校や高等学校の授業で、言語の使用場面を有効に活用してコミュニケーション能力を育成するための指導方法としては必ずしも適していません。そこで、次節では1970年代に考案された言語の使用場面と言語活動を効果的に関連付けて行う指導法について概観してみたいと思います。

3. 概念・機能アプローチ（Notional-Functional Approach）

　1971年にヨーロッパ協議会（the Council of Europe）の専門家会議が設立され、ヨーロッパで成人が国境を越えて交流できるようにする最低限度の英語力についての究明が行われました。その英語力を明確化する際に、伝統的な言語教育における文法項目の習得状況によるのではなく「人々が言語を用いて何を行おうとしているのか（機能）、またどのような意味を伝えようとしているのか（概念）」に基づいて分類するのが適切ではないか、という提案が行われました。そしてそれは、一般の人々の言語使用の目的と内容を予測して言語教育を概念・機能的に構成するという指導法の誕生につながりました。その指導原理（Wilkins, 1985, pp.18-20）は以下の通りです。

1) 言語の形式や構造よりも、意味内容を最重要視する。
2) 言語項目は文脈の中で教える。
3) 言語学習とは効果的に意思を伝達することを学ぶことである。

> 4) 言語体系を効果的にまた適正に使用するコミュニケーション能力を身につけることが最終目標である。
> 5) 言語学習に興味をもたせることを中心に、内容、機能、意味を考慮して単元を配列する。
> 6) 言語は試行錯誤を通して、個人個人の中に構築されていくものである。

　この指導原理を見ても、前節で説明した「場面中心教授法」との違いは明らかです。それではこの概念・機能アプローチにおける「場面」には、どのような要素が含まれるのでしょうか。フィノキアーロとブラムフィット（Finocchiaro & Brumfit, 1983, pp.15-16）は以下のように説明を行っています。

> 1. 言語行為に参加している「人々」
>   年齢、性別、使用言語、人数、社会生活における役割、人間関係
> 2. 会話がとりかわされる「場所」
>   国内・国外、家庭・職場・映画館・公園、静かな場所・騒がしい場所
> 3. 会話がかわされている「時間」
>   毎日きまってかわされる会話、頻度、会話の長さ、時間帯
> 4. 取り上げられている「話題」あるいは「活動」
>   招待の種類（楽しい集いへの招待、生徒が教員に招かれた）

　このように「場面」には、ある言語行為における人物、場所（背景）、時間とその話題が含まれることになります。言語の意味解釈を行う際には文脈との関連をよく考えなければならないのと同様に、言語使用に際しては、その場面の要素について考えることが不可欠であることは言うまでもありません。
　概念・機能アプローチがめざす「日常生活で実際的なやり取りを個人的な付き合いと仕事の両面で支障なく行える程度の熟達度」を「しきいレベル（Threshold Level）」と呼びます。このレベルの指導要領としてまとめられた*Threshold Level 1990*において、場面に関しては「第6章　一般概念」と「第7章　特定概念」に分けて解説が行われています。言語の使用場面に関する理解を深めるために、参照してみたいと思います。

3.1　一般概念

　「一般概念のリストは、特定のコミュニケーションの場面に特有な特徴に関係なく、人々が言葉を用いて、一般的にどんなことを処理し、どんな考えに言及するかを考慮することによって作成された」（米山・松沢，1998，p.46）という前書きに続き、下記の 8 項目の分類が示されています。

1	存在に関する	5	性質に関する
2	空間に関する	6	心的な
3	時間に関する	7	関係に関する
4	数量に関する	8	ダイクシス

　1についてはその下位概念として、There is 〜, There isn't 〜を具現形とする「存在、非存在」や、「出席、欠席」による人間の存在などが提示されています。2については「場所」「位置関係」「距離」「動作」「方角」「起源」「配列」「寸法」などが下位概念となります。3では「時点」「時間区分」「時間表示」「期間」「定刻よりも早いこと、遅いこと」「先行性、後行性」「順序」「同時性」「過去・現在・未来への言及」「速度」などが提示されています。4については「数」「量」「程度」が、5については「形」「大きさ」「見え方」「味」「におい」「手触り」「色」「年齢」「体調」「価格」「品質」などが下位概念となります。さらに6では「内省」や「表現」のための動詞が、7では「空間」「時間」「行動や出来事」「事物」の関係性が下位概念として提示されています。8のダイクシス（Deixis）とは、言語使用において関係する時間、場所、人などの視点が関与する現象のことで、会話の場面における人称代名詞の「私」と「あなた」はその一例です。限定的な下位概念として「人称代名詞」「定冠詞」などが、不定的な下位概念として「不定冠詞」や「不定代名詞」などが提示されています。

　これらの一般概念の中で、例えば「空間に関する」は、学習指導要領「言語の使用場面の例」の「道案内」を再検討する際に役立ちます。下位概念のうち、「道案内」に関連すると考えられるものは下記の通りです（*Threshold Level 1990*, p.49）。

「場所」以下の副詞

here, there, everywhere, somewhere, nowhere, (not) anywhere, where; inside, outside, (in) the east/north/south/west, to have been to（例：She has been to Paris.）; this, that, these, those

---

「位置関係」以下の場所を表す前置詞

above (R), against, among (R), at, at the end of, at the side of, before (R), behind, below (R), beside (R), between, in, in front of, inside (R), in the center of, next to, on, opposite, outside, over, round, under, where + 従属節 (R)

※ (R) は「理解のためだけの使用 (receptive use only)」を表す。

「距離」

distance（例：The distance from A to B is five miles.）, far (away) (from), near, in the neighborhood (of) (R), … away（例：It is two miles away.）

「動作」以下の動作動詞

to arrive, to come, to come along (R), to come to +NP（例：He came to the house.）, to fall, to get up, to go, to hurry, to leave（例：We have to leave now.）, to lie down, to start, to move（例：The car did not move.）, to pass（例：You pass the railway station.）, to run, to stand still (R), to stop（例：The train stopped.）, to walk

---

「方角」

direction（例：In which direction is Slough?）, 以下の副詞 away, back, down（例：Are you going down?）, in, out, (to the) left, (to the) right, straight on, up（例：Are you going up?）, east（例：He went east.）, north, south, west, 以下の前置詞 across (R), along, down (R), for (R)（例：He is leaving for Rome.）, from, into, off, past, through, to, towards (R), up (R), away from, 以下の動詞 to bring, to carry, to follow, to pull, to push, to put（例：May I put my

coat here?), to send, to take（例：I'll take it to your room.）, to take away, to
turn（例：Turn left at the river.）

　「空間に関する」下位概念である「場所」「位置関係」「距離」「動作」「方角」
を道案内の場面の構成要素と位置付け、道案内に関連する語句や文などの豊富
な例示を有効活用して、人物、場所（背景）、時間とその話題を含む場面設定
を行い、言語活動に取り組ませることが可能となります。これに対して、『中
学校学習指導解説』（p.71）には、「道案内」の場面における特有の表現例とし
て下記の例1・2が記載されているのみで、言語の使用場面の例を活かして言
語活動を行うことは困難であることは明らかです。

例1　A: Excuse me. Do you know where City Hall is?
　　　B: Yes. Go straight on this street and turn left at the first corner.
　　　　 It's on your left. It'll take about fifteen minutes.
例2　A: Excuse me. Could you tell me how to get to the city library?
　　　B: I'm sorry. I'm new here.

3.2　特定概念
　特定概念は、14の主題（theme）に分けて配列されています。主題につい
ては「コミュニケーションにおいてやり取りされるトピック」や「特定の取り
引きが行われる場面的文脈」（米山・松沢, 1998, p.56）と説明されています。

1	個人の確認	8	教育
2	家と家庭、環境	9	買い物
3	日常生活	10	食べ物と飲み物
4	自由時間、娯楽	11	サービス期間
5	旅行	12	場所
6	他人との関係	13	言語
7	健康と身体的管理	14	天気

これらの特定概念は、学習指導要領の「生徒の身近な暮らしにかかわる場面」および、「特有の表現がよく使われる場面」の再検討に役立ちます。一例として、学習指導要領「言語の使用場面の例」の「生徒の身近な生活に関わる場面」のうち、「家庭での生活」に関連する下位概念とその用例を、いくつか見ていきたいと思います（*Threshold Level 1990*, pp.63-64）。

2　家と家庭、環境（House and Home, Environment）

2.1　住居のタイプ

house, flat, apartment, (R), building（例：I have a flat in a big building.）, (un)furnished, to buy, to rent

2.2　住居、部屋

room（例：We have two rooms on the ground floor; We have plenty of rooms here.）部屋の名称（例：bathroom, bedroom, cellar, kitchen, lavatory/toilet/w.c., living-room）, floor（例：The bedrooms are on the first floor.）, basement (R), stairs, downstairs（例：The kitchen is downstairs.）, upstairs（例：The bathroom is upstairs; Let's go upstairs.）, lift, window, door, wall, cupboard (R), garden

2.3　家具、寝具

furniture、家具の名称（例：bed, chair, curtain, desk, lamp, table）, blanket, pillow, sheet, quilt

2.4　経費

price, to be（例：The room is $55 per week.）, rent, to let（例：Rooms to let.）, for sale（例：House for sale.）, included (R),（例：Water is included in the rent.）

2.5　施設

electricity, gas, heating, central heating, telephone, water, on（例：The heating is on.）, to turn on（例：Turn on the light, please.）, to turn off（例：How do you turn off the heating?）

2.6　設備

bath, shower, fridge, television, radio, garage, washing-machine, to clean（例：The room are cleaned twice a week.）, to wash（例：You can wash your clothes downstairs.）

3　日常生活（Daily Life）

3.1　家庭で

to wake up, to get up, to wash, to take a bath, to take a shower, to get（un-）dressed, to have breakfast, etc., 食事の名称（例：breakfast, lunch, tea, dinner, supper）, to cook（例：I'll cook dinner for you.）, to make（例：Shall I make a pot of tea?）, to wash up, to clean（例：I clean the windows once a week.）, to go shopping, to go to school, to go to work, to come home, to go to bed, to go to sleep, spare time

---

（*Threshold Level 1990*, p.65）

4　自由時間、娯楽（Free Time, Entertainment）

4.1　余暇

to be free（例：I'm free after six.）, free time/spare time/leisure, holiday（s）, to go out

4.2　趣味と興味

hobby,　趣味の名称（例：carpentry, collecting stamps, fishing, gardening, knitting, photography, sailing）, 興味の対象（例：computers, films, music, politics, sports）, to go for … （例：I always go for a walk on Sundays.）

（*Threshold Level 1990*, p.66）

　このような「家庭での生活」に関連する下位概念としてリスト化された実用的な語句や文例などに対して、『中学校学習指導解説』（p.70）には、特有の表現例として下記の例1・2が記載されているのみです。この例だけで、人物、場所（背景）、時間、話題等による場面設定を活かして指導を行うのは困難であることは明白です。

例1　A: Haruna, can you help me? I want you to clean the bathroom now.
　　　B: Sorry, but I'm doing homework.

例2　A: What do you want to do this summer vacation, Yuta?
　　　B: I want to go camping! It'll be fun to cook dinner by ourselves and see many beautiful stars.

4.　ヨーロッパ言語共通参照枠（CEFR）

　前節では、1970 年代にヨーロッパ協議会（the Council of Europe）の専門家会議が開発した「概念・機能アプローチ」「しきいレベル（Threshold level）」に基づいて「場面」の再検討を行ってきました。しきいレベルとは、ヨーロッパで成人が国境を越えて交流できるようにする中級学習者レベルの英語力でしたが、そのレベル設定の方法、つまり意思伝達のために言語を使用して、学習者が達成できる行動目標を定めるという設定方法は、CEFR（Council of Europe, 2001）に引き継がれました。CEFR では、言語学習者がコミュニケーションで使用する多くの能力を記述し、それらの能力の運用レベルを明確にすることにより、6 段階の習熟度（A1, A2, B1, B2, C1, C2）が定められています。

　さて、この CEFR における「場面」には、どのような要素が含まれるのでしょうか。CEFR ではまず、言語が使用されるそれぞれの「場面」は「領域（domains）」に分類されると考えます。具体的には「私的」「公的」「職業」「教育」の 4 領域です。私的領域とは、一個人として家庭で家族や友人と過ごしたり、趣味などを楽しんだりする場のことです。公的領域とは、地域・社会の一員としてさまざまな目的をもったやり取りを行う場です。また、職業領域とは職業に従事する場で、教育領域とは教育機関・施設において学習に取り組む場を指します。そしてそれぞれの領域における言語行為を生み出す「場面カテゴリー」として「場所」「組織」「人物」「事物」「出来事」「操作」「テキスト」が設定されています。場所とは言語行為が行われる場所および時間、組織とは言語行為が日常的に発生する機関や組織体、言語行為の対象となる人物や事物、言語行為に関連する出来事です。また、テキストは言語行為に関連する資料のことです。

　CEFR 2001（p.207）に掲載されている分類表 "External context of use: descriptive categories"（次ページ参照）からも明らかなように、CEFR における「場面」とは、「言語使用（言語行為）を誘発する外的コンテクスト」と

表 1-1　言語使用を誘発する外的コンテクスト

	場　所	組　織	人　物
私的	自分の 家族の 友人の 他人の 家庭：家、部屋、庭 ホテルなどの自室 田舎、海辺	家族 SNS	両親（祖父母）、子ども、 兄弟姉妹、おじ・おば、 いとこ、義父母、配偶 者、親友、知人
公的	公共の場：通り、広場、 　公園、公共交通機関、 　店、スーパー、病院、 　診療所、スタジアム、 　運動場、講堂、劇場、 　映画館、娯楽施設、 　レストラン、居酒屋、 　ホテル、礼拝堂	公共機関 政治団体 司法 公衆衛生 奉仕団体 協会 政党 宗派	公衆 公務員 店員 警官、軍人、警備員 運転手、車掌 乗客 俳優、観衆 ウェイター、バーテン 受付係、僧侶、信徒
職業	会社 工場 作業場 港湾、鉄道 農場 空港 店舗、店 サービス産業 ホテル 官庁	会社 多国籍企業 国有産業 労働組合	雇用者、従業員 管理職 同僚 部下 仕事仲間 顧客 買い物客 受付係、秘書 清掃員
教育	学校：講堂、教室、校庭、 　運動場、廊下 単科大学 総合大学 講義室、ゼミ室 学生会館 寄宿舎、実験室 学生食堂	学校 単科大学 総合大学 学会 専門家 教育機関 成人教育機関	担任教師 教員、管理者 助手、親 クラスメート 教授、講師 （同じ学校の）生徒 図書館員、実験助手 食堂・清掃スタッフ

〈External context of use: descriptive categories〉

事　物	出来事	操　作	テキスト
家具、服装 家庭用設備 玩具、道具、衛星用品、書籍 野生動物、ペット、樹木、草木、芝生、レジャー・スポーツ用品	家族行事 出会い、出来事 事故、自然現象 パーティー、訪問 散歩、サイクリング、ドライブ 休日、遠足 スポーツ・イベント	日課 衣服の着脱 調理、食事、洗濯、日曜大工、ガーデニング、読書、テレビの視聴 娯楽、趣味 ゲーム、スポーツ	テレビ文字放送 保証書、レシピ 説明書 小説、雑誌 新聞 ダイレクトメール パンフレット、私信 音声テキスト
お金、財布 記入用紙 品物、武器 リュックサック、ケース、取っ手、ボール、プログラム、食事、飲み物、菓子、パスポート、免許書	偶発的な事件 事故、病気 会合 訴訟、裁判 慈善募金パレード 罰金、逮捕 試合、コンテスト 結婚式、葬儀	公共サービス活用 医療サービス利用 車・列車・船・飛行機の旅 公共の娯楽とレジャー 礼拝	公共のアナウンス 公示 ラベルと包装 小冊子、落書き 乗車券、時刻表 掲示、規則 プログラム、契約書 メニュー、聖典
業務用機器 産業用機器 工具	打ち合わせ 面接 レセプション 会議 見本市 協議 大売り出し 労働災害 労働争議	業務管理 工業経営 生産活動 事務手続き 取り引き 営業活動 販売 マーケティング コンピューター操作 職場管理	ビジネスレター 備忘録 生命と安全告知 使用説明書 規定 宣伝材料 ラベルと包装 業務説明書 看板、名刺
筆記用具、制服 競技用具とウェア 食べ物 視聴覚機器 黒板とチョーク コンピューター 書類鞄 通学用鞄	新学期、入学 卒業 訪問と交流 親の参観日 体育祭、競技会 規律上の問題	集会、授業 試合、休み時間 クラブ活動 講義、小論文 実験研究 ゼミと個人指導 宿題、ディベート、ディスカッション	（上記の）実物 教科書、読み物 参考書、辞書 黒板の文字 電子テキスト ビデオテキスト 練習問題 論文、要旨

定義されます。例えば、学習指導要領「言語の使用場面の例」の「生徒の身近な生活に関わる場面」のうち、「家庭での生活」であれば、「私的領域」における言語使用となり、言語行為を誘発するものは「場所」カテゴリーにおける「家」「部屋」「庭」などであったり、「人物」カテゴリーにおける「両親」や「兄弟姉妹」などとなります。さらに、家庭内におけるさまざまな「事物」や「出来事」なども外的コンテクストとなります。つまり、CEFR では 4 領域の言語使用における言語行為を誘発する要素を 7 つのカテゴリーに細分化していることがわかります。

　前節の「しきいレベル」では、「言語の使用場面の例」の「家庭生活」に関連する要素として、14 の特定概念のうち、「家と家庭、環境」「日常生活」「自由時間、娯楽」というカテゴリーを取り上げました。CEFR においてはさらに細分化されて 7 つの場面カテゴリーを関連要素として取り上げることができます。これらの例からも明らかなように、場面と言語使用の関係をより明確にするためには、「場面」に含まれる言語行為を誘発する要素を明示する必要があります。しかし、学習指導要領の「言語の使用場面の例」ではこの点に関する説明が不十分であり、「実際的な言語の使用場面を設定して言語活動を行う」ことは難しいと言わざるを得ません。

5. 「言語の使用場面の例」の有効活用

　本章のまとめとして、学習指導要領の「言語の使用場面の例」を有効に活用する方法について考えてみたいと思います。まず、このような例示が行われた理由は、実践的コミュニケーション能力を育成する手立てとして、授業においては具体的な「言語の使用場面」を設定してコミュニケーション活動を行うためでした。しかし、使用場面の例とその例文だけを頼りに具体的な言語活動を考案することには無理があります。活動に取り組むことにより、目標とするコミュニケーション能力の習得につなげるためには、生徒が近い将来において遭遇する可能性がある「場面」を設定し、ターゲットとする言語材料や表現がその場面の中で、どのように使われるのかを理解させる必要があります。

　場面中心教授法では、それぞれの場面で特有の表現を選定して教材化が行われますが、実際のコミュニケーション場面では想定した通りには展開しないことが多く、せっかく学んだ表現が使えないという問題点が指摘されました。また、その教材の編成に際しても、さまざまな学習者のニーズに合わせて場面を選定することは困難で、一般的なテーマで選定された場面において予測される言語表現をすべて網羅することは不可能でした。これに対して、「しきいレベル」では下位概念、CEFR では領域と場面カテゴリーといった場面の構成要素が明記され、場面とその場面における言語行為との関係が明確にされていることを確認しました。

　したがって、学習指導要領の「言語の使用場面の例」を有効活用するためには、場面と言語使用の関係をより明確にする必要があります。しきいレベルの下位概念や CEFR の領域・場面カテゴリーがそのまま活用できればよいのですが、それらはヨーロッパで成人が国境を越えて交流できるための英語力の習得を目的としています。それに対して、日本の学習指導要領は中学生・高校生の「身近な暮らしに関わる場面」と「特有の表現がよく使われる場面」を通してコミュニケーション能力を育成することを目指しています。

　松浦（2008）は「生徒の身近な暮らしにかかわる場面」を想定した指導に際して「関係者」「関係する物」「行為」に分けて含まれる項目を列挙しています。例えば「家庭での生活」の場面に含まれる項目は、以下の通りです。

　（関係者）両親、祖父母、兄弟、おじ、おば、いとこなど
　（関係する物）居室や寝室などそれぞれの部屋、家具、家電製品、衣服、木
　　　　　　　や庭、ペットなど
　（行為）日課、食事、洗濯、着衣、読書、テレビ視聴、娯楽、趣味など
これらは CEFR の７つの場面カテゴリーから選定されたと考えられますが、学習指導要領における「言語の使用場面の例」を適切に補完するカテゴリーであると評価することができます。松浦の例示のように、日本の中学生や高校生の英語指導に際しては「しきいレベル」や CEFR のように細分化された下位概念や、領域・場面カテゴリーまでは必要ないと考えられます。

　「言語の使用場面の例」の有効活用についての検討結果として、学習指導要

領に示された使用場面の例とその例文だけを頼りに具体的な言語活動を考案することには無理があることがわかりました。活動に取り組むことにより、目標とするコミュニケーション能力の習得につなげるためには、生徒が近い将来において遭遇する可能性がある「場面」を設定し、ターゲットとする言語材料や表現がその場面の中で、どのように使われるのかを理解させる必要があります。そのように、場面と言語使用の関係をより明確にするためには、「場面」に含まれる言語行為を誘発する要素との関連づけが必要となります。日本の中学生や高校生に求められる英語コミュニケーション能力のレベルを考え合わせると、概念・機能アプローチ開発の初期段階に提案された「場面にはある言語行為における人物、場所（背景）、時間とその話題が含まれる」という考え方に基づいて、場面と言語使用の関係を明確にするのが適切であると判断することができます。

　「場面」とそれに含まれる言語行為を誘発する要素をこのように捉えた上で、次章では「言語の働きの例」を有効活用する手立てについて考えてみたいと思います。

第2章
言語の働き・機能

1. 言語の働き

　『中学校学習指導要領（平成 10 年 12 月告示）』と『高等学校学習指導要領
（平成 11 年 3 月告示）』において、実践的コミュニケーション能力を育成する
手立てとして、「言語の使用場面」を設定してコミュニケーション活動を行う
ことが求められたことについては前章で述べた通りです。その際に、場面の例
示だけではなく「言語活動を行うにあたり、主として次に示すような言語の使
用場面や言語の働きを取り上げるようにすること」が明記され、下記の「言語
の働きの例」も同様に示されました。

a　考えを深めたり情報を伝えたりするもの
　　・意見を言う　　　　・説明する　　　　・報告する
　　・発表する　　　　　・描写する　　など
b　相手の行動を促したり自分の意志を示したりするもの
　　・質問する　　　　　・依頼する　　　　・招待する
　　・申し出る　　　　　・確認する　　　　・約束する
　　・賛成する／反対する・承諾す／断る　など
c　気持ちを伝えるもの
　　・礼を言う　　　　　・苦情を言う　　　・ほめる
　　・謝る　など

_20_

言語の使用場面の例とあわせて、このような言語の働きの例が学習指導要領に示された理由は、前章で解説を行った「一般の人々の言語使用の目的と内容を予測して言語教育を概念・機能的に構成する」概念・機能アプローチによる指導を前提としていたからに他なりません。『高等学校学習指導要領（平成11年3月告示)』においても例示が行われましたが、中学校のカテゴリーが3つであったのに対して、高等学校では5カテゴリー構成となっていました。

（ア）　人との関係を円滑にする
　　　　呼びかける、あいさつする、紹介する、相づちを打つ　など
（イ）　気持ちを伝える
　　　　感謝する、歓迎する、祝う、ほめる、満足する、喜ぶ、驚く、
　　　　同情する、苦情を言う、非難する、謝る、後悔する、落胆する、
　　　　嘆く、怒る　など
（ウ）　情報を伝える
　　　　説明する、報告する、描写する、理由を述べる　など
（エ）　考えや意図を伝える
　　　　申し出る、約束をする、主張する、賛成する、反対する、説得する
　　　　承諾する、拒否する、推論する、仮定する、結論付ける　など
（オ）　相手の行動を促す
　　　　質問する、依頼する、招待する、誘う、許可する、助言する、
　　　　示唆する、命令する、禁止する　など

2011年から実施された『中学校学習指導要領（平成20年3月告示)』においては、カテゴリーを3つから5つに拡大して、それぞれについて下記の例示が行われました。

---

a　コミュニケーションを円滑にする
　　・呼びかける　　　　・相づちをうつ
　　・聞き直す　　　　　・繰り返す　など
b　気持ちを伝える
　　・礼を言う　　　　　・苦情を言う
　　・褒める　　　　　　・謝る　など

```
c　情報を伝える
　　・説明する　　　　　・報告する
　　・発表する　　　　　・描写する　　など
d　考えや意図を伝える
　　・申し出る　　　　　・約束する　　　・意見を言う
　　・賛成する　　　　　・反対する　　　・承諾する
　　・断る　　など
e　相手の行動を促す
　　・質問する　　　　　・依頼する
　　・招待する　　など
```

　「言語の使用場面の例」と同様に、中学校における指導内容との連携を視野
に入れ、『高等学校学習指導要領（平成 21 年 3 月告示)』においても、a ～ e
のカテゴリーは共通となり、下記の例示が行われました。

```
a　コミュニケーションを円滑にする
　　・相づちをうつ　　・聞き直す　　　　　　・繰り返す
　　・言い換える　　　・話題を発展させる　　・話題を変える　　など
b　気持ちを伝える
　　・褒める　　　　　・謝る　　　　　・感謝する
　　・望む　　　　　　・驚く　　　　　・心配する　　など
c　情報を伝える
　　・説明する　　　　・報告する　　　・描写する
　　・理由を述べる　　・要約する　　　・訂正する　　など
d　考えや意図を伝える
　　・申し出る　　　　・賛成する　　　・反対する
　　・主張する　　　　・推論する　　　・仮定する　　など
e　相手の行動を促す
　　・依頼する　　　　・誘う　　　　　・許可する
　　・助言する　　　　・命令する　　　・注意を引くなど
```

2021 年度から完全実施された『中学校学習指導要領（平成 29 年 7 月）』においては、例示の内容に多少の変更（下線）があり、下記の通りとなっています。

（ア）コミュニケーションを円滑にする
　　　・話し掛ける　　　　・相づちをうつ
　　　・聞き直す　　　　　・繰り返す　など
（イ）気持ちを伝える
　　　・礼を言う　　　　　・苦情を言う　　　・褒める
　　　・謝る　　　　　　　・歓迎する　など
（ウ）情報を伝える
　　　・説明する　　　　　・報告する
　　　・発表する　　　　　・描写する　など
（エ）考えや意図を伝えるもの
　　　・申し出る　　　　　・約束する　　　　・意見を言う
　　　・賛成する　　　　　・反対する　　　　・承諾する
　　　・断る　　　　　　　・仮定する　など
（オ）相手の行動を促す
　　　・質問する　　　　　・依頼する　　　　・招待する
　　　・命令する　など

2022 年度入学生より年次進行で実施予定の『高等学校学習指導要領（平成 30 年 7 月）』においても、例示の内容に多少の変更（下線）があります。

（ア）コミュニケーションを円滑にする
　　　・相づちをうつ　　　・聞き直す　　　　　・繰り返す
　　　・言い換える　　　　・話題を発展させる　・話題を変える　など
（イ）気持ちを伝える
　　　・共感する　　　　　・褒める　　　　・謝る　　　・感謝する
　　　・望む　　　　　　　・驚く　　　　　・心配する　など
（ウ）事実・情報を伝える
　　　・説明する　　　　　・報告する　　　・描写する
　　　・理由を述べる　　　・要約する　　　・訂正する　など

（エ）　考えや意図を伝えるもの
　　　・<u>提案する</u>　　　・申し出る　　　・賛成する
　　　・反対する　　　・<u>承諾する</u>　　　・<u>断る</u>
　　　・主張する　　　・推論する　　　・仮定する　　など
（オ）　相手の行動を促す
　　　・<u>質問する</u>　　　・依頼する　　　・誘う
　　　・許可する　　　・助言する　　　・命令する
　　　・注意を引く　　　・<u>説得する</u>　　など

　このように、「言語の働き」についても学習指導要領における記載事項とし
て定着しています。しかし、「言語の使用場面」と同様に、いずれの改訂にお
いても例示による指導の手がかりにとどまっており、教室において言語の働
き・機能をどのように提示して指導すればよいか具体的な説明は行われていま
せん。また、各単元の個別の文型や文法項目の働き・機能を例示と照合するこ
とは、使用場面の特定よりも難しく、文型や文法を働きという見方でまとめる
ことができないケースが多々あります。そのため、言語の使用場面の例と同様
に、言語の働き・機能を中学校や高等学校の授業でコミュニケーション能力を
育成する手立てとして有効活用するまでに至らない実態があることは否めませ
ん。そこで、本章では「言語の働き・機能」を再検討することにより、有効に
活用する方法について考えてみたいと思います。

2.　文法シラバスと概念・機能シラバス

　場面中心教授法は、選定する場面を学習者のニーズに合わせ、具体的な状
況に外国語で対処できるように準備させることを指導の目的としていました
が、実質的には文法中心の指導法であることは前章で説明した通りです。この
場面中心教授法のように文法項目の指導を重点として教材の選定、配列、提示
を行うシラバスを「文法シラバス（grammatical syllabus）」と呼びます。日
本の学習指導要領は、「英語の特徴やきまりに関する事項」の中に「文、文構
造及び文法事項」として指導内容を提示する形式を取っていますので、基本的

には文法シラバスと位置付けることができます。2021 年度版の *New Horizon English Course Book 2*（東京書籍）の「目次」を見ても明らかです。

Unit 1　A Trip to Singapore　文法：5 つの文構造

Unit 2　Food Travels around the World　文法：接続詞

Unit 3　My Future Job　文法：不定詞

Unit 4　Homestay in the United States　文法：助動詞

Unit 5　Universal Design　文法：疑問詞＋不定詞

Unit 6　Research Your Topic　文法：比較表現

Unit 7　World Heritage Sites　文法：受け身

　しかし、実践的コミュニケーション能力の育成を目標に掲げた平成 10 年から 20 年以上にわたり、中学校・高等学校の指導要領には「言語活動を行うに当たり、言語の使用場面や言語の働きを取り上げるようにする」と明記されています。塩澤ら（2005）の指摘にもあるように、日本の学習指導要領は伝統的に文法シラバスでしたが、実践的コミュニケーション能力を育成するために、英語による伝達能力の養成に効果的と言われる概念・機能シラバスを上乗せした結果、二重構造のシラバスになっているのです。

　このようなシラバスの二重構造が、中学校や高等学校の授業において「言語の使用場面と働きの例」を有効活用することを難しくしている一因と考えられます。その理由として、主要な教材となる教科書は指定された「文、文構造及び文法事項」のすべてを網羅しなければ教科書検定に合格することができませんので、文法シラバスを主として編集されることになります。したがって、従となる概念・機能シラバスは教科書編集の段階で部分的に活かす程度にならざるを得ません。また、概念・機能シラバスを主とした場合には「言語の使用場面」は多種多様で、「言語の働き・機能」も多岐にわたりますので、教科書の指導項目が多くなりすぎてしまいます。さらに、文法を従として編集することになりますので、「文、文構造及び文法事項」の指導には必ずしも適さない教科書となり、体系的に文法知識を習得することは難しく、生徒の言語使用にお

ける文法的誤りの増加が予測されます。

　このような二重構造のシラバスを解消することは、日本の学校における英語教育の実情としては困難であり、文法シラバスに沿って編集された教科書を使用して、言語活動を行う際には「言語の使用場面や働き」を取り上げる指導が求められます。こうした現状認識に基づき「文、文構造及び文法事項」を指導重点としながら、「言語の使用場面や働き」を有効活用して言語活動を行う手立てについて考えてみたいと思います。

3.　概念・機能アプローチにおける教材化

　文法シラバスにおいては、文法項目の指導を重点として教材の選定、配列、提示を行いますが、概念・機能シラバスではどのようにして教材化の手続きを進めるのでしょうか。フィノキアーロとブラムフィット（Finocchiaro & Brumfit, 1983, p.61）は、概念・機能アプローチにおける教材化の方法について、以下のように説明を行っています。

---

1)　扱う言語の働き・機能を特定化する。
2)　扱う言語の働き・機能が学習者にとって最も興味深く、関連が深いと思われる場面設定を選定する。
3)　ある年齢層の、特別な社会文化的または社会職業的なニーズをもった人々が行うと思われる行為機能に適合するような話題を考える。
4)　最後に、使用したいと思う構文と概念の暫定的なリストを作成する。

　このような教材化を行う際に「扱う言語の働き・機能」として、これまでにさまざまカテゴリーが提案されています。先駆けとなるのはウィルキンズ（Wilkins, 1976, pp.14-23）の機能カテゴリーです。ウィルキンズは言語機能を以下の8つに分類しました。

1. 法性または判断の様相	5. 推論的探究と解明
2. 道徳倫理および価値判断	6. 個人的感情
3. 働きかけ	7. 対人的感情
4. 議論	8. 対人関係

　1は「確実性」「必然性」などについての話し手の心的態度、2は「承認」「否認」などの判断、3は「説得」「予言」など他人の行動に影響を与える発言です。4は提案などに対する「賛成」や「反対」であり、5は「議論」などの内容を理知的にする思考や言葉です。6の「個人的感情」と7の「対人的感情」は出来事に対する個人的反応や相手に対する応対の表現で、8は相手との人間関係（身分・地位など）に基づく礼儀正しさなどです。

　また、フィノキアーロとブラムフィット（Finocchiaro & Brumfit, 1983, pp.65-66）は以下の5カテゴリーを提案しています。

1. 個人的
　・自分の考えを明確にし、順序だてる
　・自分の思っていること、感じていることを表現する
2. 対人関係的
　・望ましい対人関係を作り出し、その維持を可能にする
3. 命令的
　・相手の行動に影響を与えるように依頼・提案・説得する
4. 指示言及的
　・ある事物、行為、出来事、人物について語ったり報告したりする
　・言語について語ること　（メタ言語的機能）
5. 想像的
　・詩や物語など、言語を創造的に用いる

　さらに、ヴァン・エック（van Ek, 1980）は言語の機能を以下の6つに分類し、それぞれのカテゴリーを下位区分して75種類のリストを作成しました。

1. 事実に関する情報を伝える／求める
2. 知的態度を表明する／見つけ出す
3. 感情的態度を表明する／見つけ出す
4. 道徳的判断を表明する／見つけ出す
5. さまざまなことを行わせる（説得）
6. 社会生活の円滑化

　その後、上記の分類を修正して、下記の「しきいレベル」（van Ek & Trim, 1991）を設定しました。

1. 事実に関する情報を伝える／求める
2. 意見・判断・考え等を表明する／見つけ出す
3. さまざまなことを行わせる（説得）
4. 社交的活動をする
5. ディスコースを組み立てる
6. コミュニケーションの修復

　このうち、2のカテゴリーは広範囲にわたるので、以下のように下位区分されています。1〜6のカテゴリーにこの下位カテゴリーを含めて、ヴァン・エックは全132種類の言語機能リストを作成しました。

・事実に関する：同意等	・意志的
・事実に関する：知識等	・感情的
・事実に関する：法性	・道義的

　しきいレベルのカテゴリーは、現行のCEFRにおいても「単文レベルの発話がもつ言語機能（microfunctions）」として継承されており、現在に至るまで、有用性の高い機能カテゴリーとしての地位を保ち続けています。しかし日本の学習指導要領との関連ではむしろ、6つの機能カテゴリー分類（van Ek, 1980）と『高等学校学習指導要領（平成11年3月告示）』との酷似性を確認

表2-1　機能カテゴリー分類の対応関係

1. 事実に関する情報を伝える／求める
（ウ）　情報を伝える
説明する、報告する、描写する、理由を述べる　　など
2.　知的態度を表明する／見つけ出す 4.　道徳的判断を表明する／見つけ出す
（エ）　考えや意図を伝える
申し出る、約束をする、主張する、賛成する、反対する、説得する
承諾する、拒否する、推論する、仮定する、結論付ける　　など
3.　感情的態度を表明する／見つけ出す
（イ）　気持ちを伝える
感謝する、歓迎する、祝う、ほめる、満足する、喜ぶ、驚く、
同情する、苦情を言う、非難する、謝る、後悔する、落胆する、
嘆く、怒る　　など
5.　さまざまなことを行わせる　（説得）
（オ）　相手の行動を促す
質問する、依頼する、招待する、誘う、許可する、助言する、
示唆する、命令する、禁止する　　など
6.　社会生活の円滑化
（ア）　人との関係を円滑にする
呼びかける、あいさつする、紹介する、相づちを打つ　　など

することができます（表2-1）。

　学習指導要領の分類カテゴリーは、その後2度の改訂を経て多少の変更は行われていますが、現在の「コミュニケーションを円滑にする」「気持ちを伝える」「事実・情報を伝える」「考えや意図を伝える」「相手の行動を促す」という5つのカテゴリーとの共通性は明らかです。したがって、ヴァン・エックの6つの機能カテゴリー分類を日本の学習指導要領の典拠と位置づけることにより、必ずしも十分とは言えない学習指導要領の解説や例示を質的・量的に拡充することが可能になると考えられます。

　さらに、第1章で「言語の使用場面の例」の有効活用について検討を行った際に、使用場面の例とその例文だけを頼りに具体的な言語活動を考案することには無理があることがわかりました。言語活動に取り組むことにより、目標

とするコミュニケーション能力の習得につなげるためには、生徒が近い将来において遭遇する可能性がある「場面」を設定し、ターゲットとする言語材料や表現がその場面の中で、どのように使われるのかを理解させる必要がありました。そのように、場面と言語使用の関係をより明確にするためには、「場面」に含まれる言語行為を誘発する要素との関連づけが必要となり「場面にはある言語行為における人物、場所（背景）、時間とその話題が含まれる」という考え方が妥当であると判断しました。

　「言語の働き」に関しても、表現の具体例が「場面」の中でどのような目的（機能）を果たすための表現であるのかを明確にするためには、場面に含まれる言語行為を誘発する要素を考え合わせる必要があります。そこで、「場面」に含まれる「人物」「場所・時間」「話題・活動」との関連づけにより「その場面に最も適合すると考えられる言語の使用目的・働き」を「場面別機能」と命名することにします。次章では、「言語の使用場面」と同様に、6つの機能カテゴリー分類や「しきいレベル」の下位概念として示された実用的な語句や文例等を参考にして、中学校・高等学校の学習指導要領に例示された（ア）〜（オ）の機能別表現を「場面別機能」として再整理してみたいと思います。

第 3 章

場面別「言語の働き・機能」

1. 社会生活の円滑化 ― コミュニケーションを円滑にする

　中学校・高等学校指導要領解説では「コミュニケーションを円滑にする働き
とは、相手との関係を築きながらコミュニケーションを開始したり維持したり
する働き」（中 p.72, 高 p.56）という説明が行われています。またこの説明に
加えて、中学校学習指導要領には「話し掛ける」「相づちを打つ」「聞き直す」
「繰り返す」、高等学校指導要領には「言い換える」「話題を発展させる」「話題
を変える」が例示されています。

　この説明と例示だけで言語の働きの例を有効活用して、コミュニケーショ
ン能力の育成につながる言語活動を行うことは困難であると言わざるを得ませ
ん。そこで「コミュニケーションを円滑にする」の典拠である「社会生活の円
滑化」機能カテゴリーをベースにして、「場面」に含まれる言語行為を誘発す
る要素と関連づけ、その場面に最も適合すると考えられる言語の使用目的・働
き（場面別機能）を明確にしたいと思います。そして、それぞれの場面別機能
の表現の具体例を表 3-1 に示します。なお、機能の【　】内の（中）は中学
校、（高）は高等学校の学習指導要領に例示された「言語の働き」であること
を示しています（以下同様）。

表3-1　「(ア) コミュニケーションを円滑にする」場面別機能と表現例

機能1【話し掛ける（中）】

場面別機能	表現の具体例
家族や友人との会話を始める	Hi/Hello,（ファーストネーム）. So, what are you doing? So, can you listen to me? Guess what? / You know what?
よく知らない人に話し掛ける	敬称（Mr./Mrs./Ms.）＋姓 　例：Good morning, Mr. Davis. Excuse me. Do you have a minute? Sorry to bother you.

機能2【相づちを打つ】

場面別機能	表現の具体例
相手の話に合わせるように相づちを打つ	I see. Uh-huh. Right. That's true. Sounds interesting. Really. Exactly. Oh. Indeed. I think so too. Me too.
相手の話に共感を示す相づちを打つ	（肯定）Yes. So do/did I. So am/was I. 　例：I like coffee better than tea. So do I. （否定）No. Neither do I. Neither am I. 　例：I don't like movies very much. 　　　Neither do I.

機能3【聞き直す】

場面別機能	表現の具体例
理解できないことを合図する	Sorry, I don't understand. I don't know what you mean.
文の反復を求める	(I beg your) pardon? Pardon me? What did you say, please? (Sorry) could you say that again? Could you repeat that, please?
語や句の反復を求める	(Sorry+) WH-疑問文？ 　例：Sorry, where does she live? (Sorry+) WH-語 did you say＋疑問詞節？ 　例：Sorry, what did you say his name was?

機能 4【繰り返す】

場面別機能	表現の具体例
相手が言ったことの確認のために話された通りに繰り返す	例：They'll come at five o'clock. They'll come at five. Right?
自分が言ったことの確認や強調のために繰り返す	I said X. 　例：I said seven hundred. What I said was X. 　例：What I said was 'Don't be late.' I said that ＋間接話法 　例：I said that I was very tired.

機能 5【言い換える（高)】

場面別機能	表現の具体例
適切な語句が見つからない時に言い換える	a/some kind/sort of ＋総称語 　例：some kind of animal something like ＋関連語 　例：something like a cabbage something/ 総称語＋関係詞節 　例：something you cook with eggs
前置きをして話したことや話されたことを言い換える	you mean 　例：You mean, you want to stay with us? that is（to say) 　例：That is to say, I will leave tomorrow. the point is 　例：The point is I love dogs better than 　　　cats. in other words 　例：In other words, he's just like a child.

機能 6【話題を発展させる（高)】

場面別機能	表現の具体例
説明を求めるための質問する	(Sorry) What does 'X' mean? 　例：What does 'hemisphere' mean? What do you mean by 'X'? 　例：What do you mean by 'not good'? What is 'X'?

	例：What is your opinion about that? Could you explain that, please?
話題を持ち出す	I'd like to say something about +NP 例：I'd like to say something about your opinion.
相手の話したことに対してコメントする	指示語 +be what I want（ed）/had/ meant in mind 指示語 +be+not what I want（ed）/had/ meant in mind 例：That is just what I meant in mind.

機能7【話題を変える（高）】

場面別機能	表現の具体例
話題を変えるように切り出す	something else … to change the subject … I'd like to say something else.
誰かに話題を変えるように依頼する	I'd like to ask you something else.
誰かの意見を尋ねる	What do you think? What is your opinion/view? Where do you stand on this matter?

2. 感情的態度を表明する・見つけ出す — 気持ちを伝える

　中学校・高等学校指導要領解説では「気持ちを伝える働きとは、相手との信頼関係を築いたり、良好な関係でコミュニケーションを行ったりするために、自分の気持ちを伝えること」（中 p.74，高 pp.56-57）という説明が行われています。またこの説明に加えて、中学校学習指導要領には「礼を言う」「苦情を言う」「褒める」「謝る」「歓迎する」、高等学校指導要領には「共感する」「望む」「驚く」「心配する」が例示されています。これらの機能の典拠は「感情的態度を表明する／見つけ出す」カテゴリーとなります。学習指導要領の例示にはありませんが、中学校教科書では具現形が数多く登場する「好みを言う／問う」を機能2として追加し、表現の具体例を表 3-2 に提示します。

表3-2 「(イ)気持ちを伝える」場面別機能と表現例

機能1【礼を言う(中)・感謝する(高)】

場面別機能	表現の具体例
相手に感謝の気持ちを表す	Thank you (so much/very much). (Many) thanks. It/That was (very/most) kind/nice/good of you to- 不定詞 例:It was most kind of you to call. I'm very grateful to you (for+NP/動名詞) 例:I'm very grateful to you for telling me about it.
相手の感謝の気持ちに応える	That's O.K. You're welcome. Not at all. It's a pleasure.

機能2【好みを言う/問う】

場面別機能	表現の具体例
好みを表明する	NP+BE+(very) good/nice/pleasant 例:This coffee is good.
好みを伝える	I like/enjoy+NP/動名詞 (+very much) 例:I like tea very much. I love+NP/動名詞 例:I love reading books. I'd like+to- 不定詞
好き・嫌いについて問う	Do you like/enjoy +NP/動名詞? 例:Do you like tennis? How do you like/enjoy +NP/動名詞? 例:How do you like playing soccer? What do you like?

機能3【褒める】

場面別機能	表現の具体例
親しい相手の容姿や様子を褒める	You look/You're looking (really) good/nice. I love your … I (really) like your … 例:I love your new T-shirt.

あまりよく知らない相手を褒める	The … (really) suits you. 　例：The dress really suits you. That is/That's a nice/fantastic … 　例：That's a nice suit.
人・物などに感心・驚嘆する	I admire/praise 　例：I admire his courage.

機能4【苦情を言う（中）】

場面別機能	表現の具体例
直接的に不満を表明する	平叙文 　例：This orange is bitter. 　例：The TV doesn't work. I'm not satisfied/happy (with this+NP) 　例：I'm not happy with this soup. 指示語 +be+not right (yet). 　例：This is not right yet. 指示語 +be+not what I want (ed)/had in mind/meant 　例：These are not what I had in mind. I don't (really) this is correct. I'm sorry, but that is not good enough.
間接的に不満を表明する	Can you do something about …? I'm a little (bit) disappointed. I think we have a problem. We seem to have a problem.

機能5【謝る】

場面別機能	表現の具体例
謝罪を述べる	Sorry! Oh, I'm sorry. I am so sorry. I am really/very/awfully/terribly sorry.
丁寧に謝罪する	I apologize. I (really) must apologize. Please accept my apologies. I owe you an apology.

相手の感情を傷つけたことに対して謝罪する	Please forgive me.
人の邪魔をしたことに対して謝罪する	I beg your pardon. Excuse me, please.

機能6【歓迎する（中）】

場面別機能	表現の具体例
店やレストランで客を歓迎する	Hello. How are you? May I help you?
よく知っている相手を歓迎する	Welcome to my house. Thank you for (your) coming. It's nice to have you here.
あまり知らない相手を丁寧な言い回しで歓迎する	I am very glad to see you all today. I'm very grateful to you (for+NP/ 動名詞) 　例：I'm very grateful to you for coming 　　　all the way.

機能7【共感する（高）】

場面別機能	表現の具体例
相手の話に相づちを打つ	That's true. Me, too (Me, neither). Same here. So do I (Neither do I). Sounds good/nice/great.
相手の話に納得して共感する	I know what you mean. I feel (exactly) the same way. I've been there. It happens. I am very glad+to- 不定詞 I am delighted+to- 不定詞
相手の話に遺憾や同情を表す	What a shame! What a pity (+that 節) 　例：What a pity Mary died so young. It's a (great) pity (+that 節) 　例：It's a great pity you must go home. I'm (so/very) sorry (+that 節 /if 節) I'm (so/very) sorry about NP 　例：I'm (so/very) sorry about her death. I'm (so/very) sorry +to 不定詞 　例：I'm (so/very) sorry to hear she has 　　　gone Oh dear …

機能8【望む（高）】

場面別機能	表現の具体例
欲求・願望を表現する	I'd like +NP 　例：I'd like an ice-cream. I'd like +to- 不定詞 　例：I'd like to wash my hands. I want +NP, please. 　例：I want a cup of tea, please. I want +to- 不定詞，please. 　例：I want to go to the toilet, please. I wish + 仮定法過去／過去完了 　例：I wish you were here. Can I have +NP（please）? 　例：Can I have my bill, please?
希望を表明する	I（do）hope so. I（do）hope not. I（do）hope +that- 節 　例：I hope it will be fine tomorrow. I hope/want +to- 不定詞 　例：I hope to become a pilot.

機能9【驚く（高）】

場面別機能	表現の具体例
驚きを表現する	What a surprise! How surprise! Fancy that! Well, this is a surprise! That is surprising! I'm surprised（+that- 節／ to- 不定詞） 　例：I'm surprised to hear that. Fancy + 動名詞 　例：Fancy meeting you here. It surprises me +that- 節 　例：It surprises me that you're getting 　　　married.
驚いていないことを表現する	Well? So what? （It is）Just as I expected.

機能 10【心配する（高）】

場面別機能	表現の具体例
不安・心配を言い表す	I'm afraid（+that-節／to-不定詞／of+NP） 　例：I'm afraid of dogs. I'm worried（about +NP） 　例：I'm worried about my new life at school.
相手を心配したり安心させたりする	What's the matter? You'll be okay. Never mind. Don't worry. Don't be afraid. It doesn't matter.

3. 事実に関する情報を伝える・求める ― 事実・情報を伝える

　中学校・高等学校指導要領解説では「事実・情報を伝える働きとは、コミュニケーションを行う相手に事実や情報を伝達する働きである」（中 p.76，高 p.57）という説明が行われています。またこの説明に加えて、中学校学習指導要領には「説明する」「報告する」「発表する」「描写する」、高等学校指導要領には「理由を述べる」「要約する」「訂正する」が例示されています。これらの機能の典拠は「事実に関する情報を伝える／求める」カテゴリーとなりますが、機能 1 の「説明する」は「確認する（identifying）」の下位区分においてリストが作成されています。また、「質問する」は学習指導要領の「（ウ）事実・情報を伝える」には例示されていませんが、確認や情報を求めるための質問文が日本の教科書には具現形として数多く登場しますので、機能 8 として追加しました。場面別機能と表現の具体例は表 3-3 の通りです。

表3-3　「（ウ）事実・情報を伝える」場面別機能と表現例

機能1【説明する／確認する】

場面別機能	表現の具体例
近くや離れた物などを説明する	this（one）, that（one）, these, those this, that, these, those +BE+NP 　例：This is my room. the +NP/this/that/these/those（+NP） +be+NP 　例：The dog over there is my pet. NP/something +to- 不定詞 　例：I want something to drink. 形容詞・比較表現・過去分詞 　例：Mt. Fuji is the highest in Japan. NP+ 関係詞節 　例：This is a book that I read yesterday. 受動態（be 動詞＋過去分詞） 　例：This book was written by Soseki.
近くや離れた人を説明する	It is me/you/him/her. I/you/he/she/it/we/they+be+NP 　例：He is my brother. 現在完了形 　例：I have been here for one year. 形容詞・比較表現・現在分詞 　例：He is as tall as Mike. NP+ 関係詞節 　例：Mika is a student who likes music. 受動態（be 動詞＋過去分詞） 　例：She is loved by everyone.
あることを行うことができる／できないを表明する	NP +can/can't+ 原形 　例：Mike can play baseball, but he can't 　　　play tennis. NP +be +（not）able to- 不定詞 　例：I am not able to ski well.
予定や計画を説明する	NP +will/won't+ 原形 　例：Mike will play baseball next Sunday. NP +BE +（not）going to- 不定詞 　例：I am not going to go out tomorrow.

| 目的や理由を説明する | 平叙文 +to- 不定詞／ because 〜
例：I am going to visit Okinawa to see my uncle this summer. |
| 義務を表明する | NP+have to- 不定詞／ must+ 原形
例：We must go home now. |

機能 2【報告する】

場面別機能	表現の具体例
事実に関する情報を述べる	平叙文 例：I was at home. The bus has left. NP+say/think+ 補文節 例：He says the train has started. I hear/have heard/have been hearing 例：I hear you're going to Hawaii soon. 分詞構文 例：He usually has dinner watching TV.
事実を強調して伝える	強調の do を用いる 例：He did go to Tokyo. 比較・倍数表現を用いる 例：It is three times as big as this one.

機能 3【発表する（中）】

場面別機能	表現の具体例
聴衆にあいさつする	Hello/Good morning, everyone. My name is … Thank you for coming today. I am …
発表の目的を伝える	Today I am going to talk about … I would like to talk to you today about …
話題を展開する	First … Second … Third … To begin with … Next … Finally …
まとめと終わりのあいさつをする	We are coming to the end of today's presentation. In conclusion, … Thank you (for listening).

機能4【描写する】

場面別機能	表現の具体例
人物について描写する	平叙文（主語＋ be 動詞＋形容詞・名詞） 　例：My brother is tall. He is a student. 進行形（be 動詞＋現在分詞） 　例：I am singing. 受動態（be 動詞＋過去分詞） 　例：Her smile is loved by everyone.
物事について描写する	There is/are … 　例：There is a bed in my room. 受動態（be 動詞＋過去分詞） 　例：The old temple was built in 1545.

機能5【理由を述べる（高）】

場面別機能	表現の具体例
直接の原因となる理由を述べる	because（of） 　例：He is loved by everyone because he 　　　is honest.
あまり重要でない理由を述べる	since/as 　例：Since you feel tired, you should rest. 分詞構文 　例：Raining again, we will have to stay 　　　at home.
複数の理由を述べる	One reason is … Another reason is … The first reason is that … The second reason is that …

機能6【要約する（高）】

場面別機能	表現の具体例
自分の発言をまとめる	to sum up; in short; in brief
議論や問題点をまとめる	The point is that … So far, we have seen WH- 節 We may put the whole question briefly in this way.

機能7【訂正する（高）】

場面別機能	表現の具体例
訂正部分を強調する	平叙文 例：That is my room. 例：The bus has left.
肯定の発言を訂正する	No（＋付加文） 例：（Jane is a college student.） 　　　No. She is a high school student.
相手の発言内容を否定する	否定文 例：Jane is not a university student. 否定語の使用 never, no（形容詞）, nobody, nothing
否定の発言を訂正する	Yes（＋付加文） 例：（Mike can't play the piano.） 　　　Yes, he can.
正しい内容を強調する	強調の do を用いる 例：I do want to see him.

機能8【質問する】

場面別機能	表現の具体例
確認のため	疑問文 例：Did you see him? Is he Tom? Can you play tennis? Have you been to the US? 上昇調の平叙文 例：You saw him?
情報を求める	WH-疑問文 （時間）When? （場所）Where? （様態）How? （程度）How far/much/long/etc.? （理由）Why? Please（can you）tell me＋従属節 /NP 例：Please tell me the way to the station.
何であるかを尋ねる	WH-疑問文 （人物）Who? （所有者）Whose? （物）What?

4. 知的態度・道徳的判断を表明する・見つけ出す
― 考えや意図を伝える

　中学校・高等学校指導要領解説では「考えや意図を伝える働きとは、コミュニケーションを行う相手に自分の考えや意図を伝達する働きである」（中 p.77, 高 p.57）という説明が行われています。またこの説明に加えて、中学校学習指導要領には「申し出る」「約束する」「意見を言う」「賛成する」「反対する」「承諾する」「断る」「仮定する」、高等学校指導要領には「提案する」「主張する」「推論する」が例示されています。各例示の場面別機能と表現の具体例は表3-4の通りです。

表3-4　「（エ）考えや意図を伝える」場面別機能と表現例

機能1【申し出る】

場面別機能	表現の具体例
親しい相手に申し出る	Can/May I ＋動詞？ 　例：Can I open the door? Is there something I can …? 　例：Is there something I can help you with?
目上の人などに丁寧に申し出る	Could I ＋動詞？ 　例：Could I help you? Would you like me to- 不定詞？ 　例：Would you like me to help you? If you wish, I could ＋動詞 　例：If you wish, I could work late.

機能2【提案する（高）】

場面別機能	表現の具体例
よく知っている相手に提案する	Let's ＋原形不定詞 　例：Let's go! We could ＋原形 　例：We could go shopping. What/How about ＋NP/ 動名詞？

	例：How about going home? Why don't we …? 例：Why don't we eat out?
あまり知らない相手に対して丁寧な言い回しで提案する	It might be a good idea to- 不定詞 　例：It might be a good idea to study abroad. You might consider … 　例：You might consider walking home.

機能3【約束する（中）】

場面別機能	表現の具体例
〜すると約束する	I'll（definitely）／I will（definitely） 　例：I'll see you tomorrow. I promise to- 不定詞／promise I'll … 　例：I promise I'll finish it by tomorrow.
約束を信用するように伝える	Don't worry. You can rely on me. I swear to you.

機能4【意見を言う（中）・主張する（高）／確信の程度を表明する】

場面別機能	表現の具体例
自分の意見を表明する	As I see it. … 　例：As I see it, Japan is a good country. In my opinion, … 　例：In my opinion, most TV programs 　　　are exciting. I think … 　例：I think we should study English.
自信を持って主張する	Certainly（平叙文の中で） 　例：Mt. Fuji is certainly a high mountain I am（quite）certain/sure（＋補文節） 　例：I am quite sure that he will succeed. Do, Be, 助動詞に強勢をおいた平叙文 　例：I did make sure of the data. 平叙文（＋付加疑問文）下降調 　例：Today is Monday, isn't it?（↘） 平叙文（＋強勢のない I think/suppose） 　例：Paris is a beautiful city, I think.

	I know/believe +that- 節 　例：I know English is important.
ためらいがちに主張する	to seem 　例：The answer seems to be correct. perhaps/maybe（平叙文で） 　例：Maybe you're right. I don't think so. I（don't）think/believe +that- 節 　例：I don't think English is important. I am not quite sure, but ＋平叙文 　例：I am not quite sure, but he will succeed. 平叙文＋ I think 上昇調 　例：She is Chinese, I think.（↗） 平叙文（＋付加疑問文）上昇調 　例：Today is Monday, isn't it?（↗）
不確かであることを主張する	I don't know（+if 節 /wh- 節） 　例：I don't know if it is true. I'm not（at all）sure（+if 節 /wh- 節） 　例：I'm not at all sure what they want. I wonder +if 節 /wh- 節 　例：I wonder why you go to the US.

機能 5【賛成する】

場面別機能	表現の具体例
相手の発言に賛成を表明する	(Very) good.（That's）fine/excellent. Well done. I（quite）agree. That's right. Of course（not）. Indeed. Exactly.
肯定の発言に賛成する	Yes, it is/I am/I can/I do/etc. Yes（＋付加文） 　例：(You study hard.) Yes, we do. Of course. Certainly. (Yes) I think/believe so.
否定の発言に賛成する	No（＋付加文） 　例：(You can't go now.) No, we can't. Of course not. Certainly not. (No) I don't think so. I believe not.

機能6【反対する】

場面別機能	表現の具体例
相手の発言に反対を表明する	That's/It's not very good/nice. You shouldn't have done that. I don't agree. That's not right. You are wrong (there).
肯定の発言に反対する	No, it's not/I'm not/I can't/etc. No（＋付加文） 　例：(English is difficult.) No, it's not. Not so. Certainly not. I don't think so.
否定の発言に反対する	Yes（＋付加文） 　例：(Tomorrow isn't Friday.) Yes, it is. I think（＋肯定の発言）. 　例：I think she will come.

機能7【承諾する】

場面別機能	表現の具体例
申し出や招待を受け入れる	Yes, please. Thank you. That'll be very nice. I'd be glad to-不定詞 　例：I'd be glad to do what I can. With pleasure. Right. I'd like/ love to.
よく知っている相手に条件付きで承諾する	OK/That's a good idea, but … 　例：OK, but will you help with my 　　　homework?
あまり知らない相手に丁寧な言い回しで承諾する	Sure/Certainly/Of course, I will/can. No, not at all. 　例：Do/Would you mind my coming with 　　　you? No, not at all.

機能 8【拒否する／断る】

場面別機能	表現の具体例
相手の発言内容を否定する	否定文 　例：Jane is not a university student. 否定語の使用 never, no（形容詞）, nobody, nothing No（＋短い付加文） 　例：No, it's not/I'm not/I can't/etc.
申し出や招待を断る	No, thank you. (I'm sorry but) I can't ＋原形 　例：I'm sorry but I can't come. It's very good of you ＋but- 節 　例：It's very good of you but my wife is 　　　sick in bed. Unfortunately I can't ＋原形 　例：Unfortunately I can't eat cheese. I'm afraid I can't ＋原形 　例：I'm afraid I can't do that.

機能 9【推論する（高）】

場面別機能	表現の具体例
見込みの程度に関して述べる	certainly 　例：He will certainly come. probably / possibly 　例：They will probably win, but they may 　　　possibly lose. (not) (very) likely / impossible 　例：It's not very likely, but not impossible. NP+be+certain/likely+to- 不定詞 　例：The shop is likely to be closed. It is certain/probable/likely/possible /impossible+ 補文節 　例：It is certain that you will pass. NP+will/must/may/can/cannot+ 原形 　例：That nice car must be yours.

	(not) necessary/necessarily
	例：A mistake isn't necessarily bad.
	NP+must/cannot+ 原形
必然性を表現したり否定したりする	例：It must be old age.
（論理的推論を含む）	NP+need not+ 原形
	例：This chapter needs not be revised.
	so/therefore+ 平叙文
	例：I think, therefore I am.

機能 10【仮定する】

場面別機能	表現の具体例
未来の実現性について仮定する	If … 現在形， 〜 will + 原形 例：If it is fine tomorrow, we will go out.
現在の事実と反対の仮定をする	If … 過去形， 〜 would/might + 原形 例：If I had money, I would buy the car.
過去の事実と反対の仮定をする	If … had + 過去分詞， 〜 would/might have + 過去分詞 例：If I had known, I would have met him.

5. さまざまなことを行わせる（説得）— 相手の行動を促す

　中学校・高等学校指導要領解説では「相手の行動を促す働きとは、相手に働きかけ、相手の言語的・非言語的行動を引き出す働き」（中 p.80，高 p.58）という説明が行われています。またこの説明に加えて、中学校学習指導要領には「質問する」「依頼する」「招待する」「命令する」、高等学校指導要領には「誘う」「許可する」「助言する」「注意を引く」「説得する」が例示されています。これらの機能の多くは、典拠となるカテゴリーでは「さまざまなことを行わせる（説得）」に位置づけられています。

　機能 1 の「質問する」については「事実に関する情報を伝え、求める」機能カテゴリーに配置されていますが、学習指導要領では相手の「応答」という言語的行動を引き出す働きに着目して、このカテゴリーに位置づけられていると考えられます。場面別機能と表現の具体例は表 3-5 の通りです。

表 3-5　「(オ) 相手の行動を促す」場面別機能と表現例

機能 1【話し掛ける（中)】

場面別機能	表現の具体例
助けを要請する	Can/Could you help me, please?
助けを申し出る	Can I help you? Can I give you a hand?
申し出や招待を受け入れるかどうか を尋ねる	Will you＋原形（after all)？ 　例：Will you come with me to the dance 　　　on Friday? Would you like to-不定詞？ 　例：Would you like to have some more 　　　coffee?

機能 2【依頼する】

場面別機能	表現の具体例
誰かに何かをくれるように頼む	(I'd like) NP（+please) 　例：I'd like this one, please. Can I have +NP（+please)？ 　例：Can I have a cup of coffee? Please may I have +NP? 　例：Please may I have that one?
誰かに何かをするように依頼する	Please + VP（命令法) 　例：Please sit down. VP（命令法)+please 　例：Stop talking, please. Would/Could you（please)＋原形？ 　例：Could you please open the door? I will ask you +to-不定詞 　例：I'll ask you to stop talking. I would like you +to-不定詞？ 　例：I would like you to wait for a while. Would you mind + 動名詞？ 　例：Would you mind closing the door? Can I have +NP+ 過去分詞？ 　例：Can I have my hair cut?

機能3【招待する（中）・誘う（高）】

場面別機能	表現の具体例
誰かを何かに誘う・招待する	I'd like to invite ～ to … 　例：I'd like to invite you to the party. Can you / Will you come to … ? Why don't you join … ?
誰かに何かをするように誘う	I want you +to- 不定詞 　例：I want you to come with us. What/How about + 動名詞？ 　例：How about visiting us? You must + 原形 　例：You must come to the party.

機能4【命令する】

場面別機能	表現の具体例
誰かに何かをするように命令する	You +VP（命令法） 　例：You sit down here. 命令文 　例：Look at this picture.
誰かに何かをしないように命令する	Don't + VP（命令法） 　例：Don't work too much. Mind+NP 　例：Mind your step. 含意を伴う平叙文 　例：That knife is sharp.（=be careful not 　　　to cut yourself）
誰かに何かをするように励ます	Come on,（+VP 命令法） 　例：Come on, keep running. Now then,（+VP 命令法） 　例：Now then, keep trying.
説明書等で手順説等を指示する	受動文 　例：The wine must be kept cool.

機能5【許可する（高）】

場面別機能	表現の具体例
許可を与える	Yes. Certainly. Please do. That's all right. That's quite all right. Of course. You may/can VP. 　例：You may go now.
許可を与えない	No. You can't. I'm afraid not. I'm sorry（+but-節） 　例：I'm sorry, but you're banned from 　　　entering this place. It is not allowed/permitted. Not + 副詞相当語句（now/tonight/ here/in this country, etc.） 　例：（Can I enter this place?）Not now.
あることが許可されるかどうか表明する	NP+be+（not）+allowed 　例：Drinking is not allowed. NP+be+（not）+ permitted 　例：Smoking is not permitted here. People/You/can/may/must not + 原形 　例：You must not be late. People/You are not supposed +to- 不定詞 　例：You are not supposed to go to the 　　　movie alone.

機能6【助言する（高）】

場面別機能	表現の具体例
よく知っている相手に何かをするように助言する	Why don't you + 原形？ 　例：Why don't you study much harder? （Maybe）You should + 原形 　例：You should go to the hospital. （I think）You ought to- 不定詞 　例：I think you ought to leave now. What/How about + 動名詞？ 　例：How about visiting us? If I were you, I'd + 原形 　例：If I were you, I'd work hard.

あまり身近でない人に丁寧に助言する	It might be a good idea to- 不定詞 　　例：It might be a good idea to leave here. It might be better if you … I think it might be better if you … 　　例：I think it might be better if you use the bus.

機能７【注意を引く（高）】

場面別機能	表現の具体例
相手の注意を引く	Excuse me. Hello. I say/ Say 　　例：Say, what's that? I say, what's the matter with you?
注目を集める	Attention, please. May I have your attention, please.

機能８【説得する（高）】

場面別機能	表現の具体例
〜してはどうかと穏やかに説得する	could/might + 原形 　　例：You could take the bus. should/ought to 　　例：You should take the bus.
命令に近い説得	had better/have to 　　例：You had better take the bus.

　本章では、学習指導要領の説明と例示だけで言語の働きの例を有効活用して、コミュニケーション能力の育成につながる言語活動を行うことは困難であるという認識に基づき、典拠となる６つの機能カテゴリーをベースにして、「場面」に含まれる言語行為を誘発する要素を関連づけて、それぞれの場面に最も適合すると考えられる言語の使用目的・働き（場面別機能）を具体化することを試みました。次章では、標準的な日本の中学校・高等学校教科書の題材について教材分析を行い、どのような「場面別機能」の指導を行うことが可能であるのかを明らかにしてみたいと思います。

第**4**章

文法項目別「言語の働き・機能」

1. 文法から概念・機能へ

　第2章で、日本の学習指導要領は、「英語の特徴やきまりに関する事項」の中に「文、文構造及び文法事項」として指導内容を提示する文法シラバスであり、その上に英語による伝達能力の養成に効果的と言われる概念・機能シラバスを乗せた二重構造のシラバスであることを説明しました。本章では、このようなシラバス構造を前提として「言語の使用場面・働き」を重視した英語授業を行うための方法について具体的に考えてみたいと思います。

　まず、概念・機能シラバスの編成方法の概略について、図4-1に基づいて

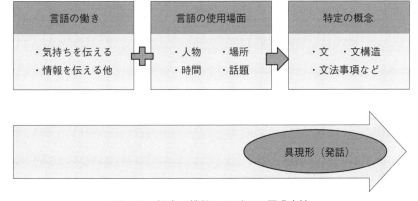

図 4-1　概念・機能シラバスの編成方法

説明します。

　（イ）気持ちを伝える「言語の働き」の例として、「礼を言う／感謝する」場合の "Thank you." "Thank you so much/very much." やそれに応える "You're welcome." "It's a pleasure." などが考えられます。また、（オ）相手の行動を促す例の１つである「依頼する」場合であれば "May I have some water?" "Could I have some water?" "Would you get me some water?" "I wonder if I might have some water?" などの表現が考えられます。また、"Is there some water?" のような疑問文も間接的に人にものを頼む表現になることもあります。これらの例のように、同じ「機能」を持つ表現はさまざまありますので、どの具現形を選んで発話するかはその「場面」により決まります。

　図4-1に示されるように、概念・機能アプローチでは「場面」と「機能」が文や文構造、文法項目などの基底にある特定の「概念」を生み出し、これが言語による伝達目的を達成させる実際の発話になると考えます。つまり、シラバス編成の際に、文法構造と機能を重ね合わせることは考えず「言語の働き⇒言語の使用場面⇒特定の概念」というプロセスを経て、指導する具現形を選定して配列するという方法をとります。

　しかし、文法シラバスに概念・機能シラバスを上乗せした二重構造のシラバスでは、概念・機能シラバスを全面的に取り入れるわけにはいきません。松浦（2008）が「個別の文型や文法事項を教える際に、その働きに十分配慮した導入や練習を日頃から心がけることが重要である」（p.72）と述べているように、ベースとなる文法シラバスに沿ってカリキュラムを編成し、概念・機能アプローチの実践を心がけるのが現実的であるように思われます。そのような、文法シラバスにおいて概念・機能アプローチを効果的に活用して、コミュニケーション能力の育成につながる授業づくりを行うための実践方法について、図4-2に基づいて考えてみたいと思います。

　文法シラバスを基本として編集されている日本の教科書では、学習者のレベルや項目の使用頻度・重要性を考慮して文法項目が配列されています。そしてその文法項目の具現形である目標文を含む教科書本文が用意されています。

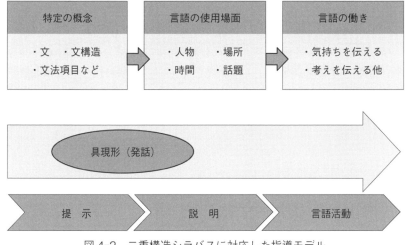

図 4-2　二重構造シラバスに対応した指導モデル

中学校や高等学校の教室では、このような教科書を教材として指導する必要がありますので、文法構造と機能が重なり合うとは考えない概念・機能アプローチでは、教科書指導が困難になることは必至です。

　上図による方法ではまず、教科書で新出の文や文構造、文法項目として扱われる目標文を「具現形」と位置付けて「提示」します。提示に際しては、その具現形を使用する「外的コンテクスト」として自然な場面（人物・場所・時間・話題）設定を行います。そして、どのような働き・機能を持つ表現であるかを明示的に説明します。その説明によって使用場面と働き・機能を理解した上で、言語の知識と用法を内在化させるために言語活動に取り組ませるという指導モデルとなります。

　このようなモデルに基づき、文法項目別に「言語の機能・働き」を指導することを目的として、標準的な日本の中学校・高等学校教科書に登場する具現形（基本文や目標文構造）を「（ア）コミュニケーションを円滑にする」「（イ）気持ちを伝える」「（ウ）事実・情報を伝える」「（エ）考えや意図を伝える」「（オ）相手の行動を促す」の 5 カテゴリーに分類し、第 3 章で再整理したそれぞれの「場面別機能（F1-10 と略記する）」による例示を試みます。

2. 文法項目別「言語の働き・機能」の例（中学校）

2.1　中学校 1 年生レベル

文法項目		場　面		働き・機能
具現形	人物	場所・時間	話題	（ウ）F1
My name is ～	自分	教室・授業	自己紹介	説明する

［例］　Hello. <u>My name is</u> Ken Tanaka. Nice to meet, you.

文法項目		場　面		働き・機能
具現形	人物	場所・時間	話題	（ウ）F1
This is ～	友だち	初対面	紹介	説明する

［例］　<u>This is</u> Mike Davis. <u>He is</u> from America.

文法項目		場　面		働き・機能
具現形	人物	場所・時間	話題	（ウ）F8
Is this your ～?	友だち	友だちの家	スマホ	質問する

［例］　A: <u>Is this your</u> smartphone?　B: Yes, it is. I like this model.

文法項目		場　面		働き・機能
具現形	人物	場所・時間	話題	（ウ）F8
Is that your ～?	友だち	友だちの家	自転車	質問する

［例］　A: <u>Is that your</u> bike?　B: No, it's not. It is my brother's.

文法項目	場　面			働き・機能
具現形	人物	場所・時間	話題	（ウ）F8
What is this?	友だち	友だちの家	コンピュータ	質問する

［例］　A: <u>What is this?</u>　B: It's a very small computer.

文法項目	場　面			働き・機能
具現形	人物	場所・時間	話題	（ウ）F1
He [She] is ～	友だち	友だちの家	写真	説明する

［例］　Look at this picture. This is my sister. <u>She is</u> a high school student.

文法項目	場　面			働き・機能
具現形	人物	場所・時間	話題	（ウ）F8
Who is this?	友だち	友だちの家	写真	質問する

［例］　A: <u>Who is this?</u>　B: It's Fred. He is my brother.

文法項目	場　面			働き・機能
具現形	人物	場所・時間	話題	（ウ）F1
I play ～	友だち	教室・休み時間	スポーツ	説明する

［例］　<u>I play</u> baseball, but I'm not a good player.

文法項目	場　面			働き・機能
具現形	人物	場所・時間	話題	（ウ）F8
Do you play ～	友だち	教室・休み時間	スポーツ	質問する

［例］　A: <u>Do you play</u> baseball?　B: Yes, I do. I like it very much.

文法項目	場　面			働き・機能
具現形	人物	場所・時間	話題	（ウ）F1
I am / You are ～	友だち	教室・放課後	自己紹介	説明する

［例］　<u>I am</u> a student. <u>You are</u> a student, too.

文法項目	場　面			働き・機能
具現形	人物	場所・時間	話題	（ウ）F8
Are you ～?	友だち	教室・放課後	出身地	質問する

［例］　A: <u>Are you</u> from America?　B: Yes, I am.

文法項目	場　面			働き・機能
具現形	人物	場所・時間	話題	（ウ）F8
How many/much	店員	店	食べ物	質問する

［例］　A: <u>How many</u> hamburgers do you want?　B: Two hamburgers, please.

文法項目	場　面			働き・機能
具現形	人物	場所・時間	話題	（ウ）F8
Whose ～ is this?	友だち	店	食べ物	質問する

［例］　A: <u>Whose apple pie</u> is this?　B: It is mine.

文法項目	場　面			働き・機能
具現形	人物	場所・時間	話題	（ウ）F8
Where do you～?	友だち	店	食べ物	質問する

［例］　A: <u>Where do you</u> buy rice?　B: We buy it at a supermarket.

文法項目	場　面			働き・機能
具現形	人物	場所・時間	話題	（ウ）F1
I can/can't ＋原形	友だち	マイクの家	スポーツ	説明する

〔例〕　<u>I can</u> play baseball, but <u>I can't</u> play volleyball.

文法項目	場　面			働き・機能
具現形	人物	場所・時間	話題	（ウ）F8
Can you ＋原形？	友だち	マイクの家	スポーツ	質問する

〔例〕　A: <u>Can you</u> play tennis?　B: Yes, I can, but I'm not a good player.

文法項目	場　面			働き・機能
具現形	人物	場所・時間	話題	（ウ）F1
Ken plays ～	友だち	教室・休み時間	家族	説明する

〔例〕　Ken is my brother. <u>He plays</u> baseball after school.

文法項目	場　面			働き・機能
具現形	人物	場所・時間	話題	（ウ）F8
Does Ken ～？	友だち	教室・休み時間	家族	質問する

〔例〕　A: <u>Does Ken</u> like baseball?　B: Yes, he does, but he's not a good player.

文法項目	場　面			働き・機能
具現形	人物	場所・時間	話題	（ウ）F1
Ken doesn't ～	友だち	教室・休み時間	家族	説明する

〔例〕　A: Does Ken play tennis?　B: Yes, he does, but <u>he doesn't</u> like it very much.

文法項目		場　面		働き・機能
具現形	人物	場所・時間	話題	（ウ）F8
What time is it ?	友だち	教室・休み時間	時刻	質問する

［例］　A: <u>What time is it?</u>　B: It's ten（o'clock）.

文法項目		場　面		働き・機能
具現形	人物	場所・時間	話題	（ウ）F8
What time do you	友だち	教室・休み時間	生活習慣	質問する

［例］　A: <u>What time do you</u> get up?　B: I usually get up at six thirty.

文法項目		場　面		働き・機能
具現形	人物	場所・時間	話題	（ウ）F4
Ken is watching	家族	自宅	日曜日	描写する

［例］　<u>Ken is watching</u> TV.

文法項目		場　面		働き・機能
具現形	人物	場所・時間	話題	（ウ）F8
What is he doing	家族	自宅	日曜日	質問する

［例］　A: <u>What's he doing?</u>　B: Maybe, he is watching TV.

文法項目		場　面		働き・機能
具現形	人物	場所・時間	話題	（イ）F2
I like him/her.	家族	自宅	日曜日	好みを言う

［例］　A: I like Ken.　B: <u>I like him</u>, too.

文法項目		場　面		働き・機能
具現形	人物	場所・時間	話題	（ウ）F1
I played 〜	友だち	教室・放課後	スポーツ	説明する

〔例〕　I played volleyball yesterday.

文法項目		場　面		働き・機能
具現形	人物	場所・時間	話題	（ウ）F8
Did you 〜?	友だち	教室・放課後	スポーツ	質問する

〔例〕　A: Did you play tennis?　B: Yes, I did. I played with Mike.

　上記の通り、中学校 1 年生の教材では、生徒にとって身近な友だちや家族が登場する場面を通して「説明する」「質問する」機能を中心に「事実に関する情報を伝える／求める」働きを理解させて、言語活動を行うことが求められることがわかります。

2.2　中学校 2 年生レベル

文法項目		場　面		働き・機能
具現形	人物	場所・時間	話題	（ウ）F2
I was 〜	友だち	教室・休み時間	テレビ番組	報告する

〔例〕　I was at home with my family last night.

文法項目		場　面		働き・機能
具現形	人物	場所・時間	話題	（ウ）F8
Were you 〜?	友だち	教室・休み時間	テレビ番組	質問する

〔例〕　Were you home last night?

文法項目		場　面		働き・機能
具現形	人物	場所・時間	話題	（ウ）F4
I was watching 〜	友だち	教室・休み時間	テレビ番組	描写する

［例］ <u>I was watching</u> TV with my family last night.

文法項目		場　面		働き・機能
具現形	人物	場所・時間	話題	（ウ）F1
I am going to 〜	友だち	公園	夏休み	説明する

［例］ <u>I am going to</u> visit my uncle in Okinawa this summer.

文法項目		場　面		働き・機能
具現形	人物	場所・時間	話題	（ウ）F8
Are you going to	友だち	公園	夏休み	質問する

［例］ <u>Are you going to</u> visit Hokkaido in August?

文法項目		場　面		働き・機能
具現形	人物	場所・時間	話題	（ウ）F4
There is/are 〜	家族	旅行先	展示物	描写する

［例］ <u>There are</u> many famous paintings in this museum.

文法項目		場　面		働き・機能
具現形	人物	場所・時間	話題	（ウ）F1
We went…to- 不定詞	家族	旅行先	目的	説明する

［例］ <u>We went</u> to the park <u>to see</u> beautiful roses.

文法項目		場　面		働き・機能
具現形	人物	場所・時間	話題	（イ）F8
I want to- 不定詞	友だち	教室・授業	未来	望む

［例］　<u>I want to see</u> a bright future.

文法項目		場　面		働き・機能
具現形	人物	場所・時間	話題	（エ）F9
We will ＋原形	友だち	教室・授業	未来	推論する

［例］　<u>We'll have</u> very good medicine, so <u>we'll be</u> free from diseases.

文法項目		場　面		働き・機能
具現形	人物	場所・時間	話題	（エ）F10
If …, ～ will ＋原形	友だち	教室・授業	未来	仮定する

［例］　<u>If</u> science makes progress, <u>we'll be</u> able to solve such problems.

文法項目		場　面		働き・機能
具現形	人物	場所・時間	話題	（ウ）F1
I have to- 不定詞	友だち	教室・授業	将来の夢	説明する

［例］　<u>I have to study</u> both Japanese and English because I want to be a translator.

文法項目		場　面		働き・機能
具現形	人物	場所・時間	話題	（ウ）F1
I call ～ …	友だち	教室・授業	将来の夢	説明する

［例］　Masayuki wants to be a soccer player. <u>I call him Masa.</u>

文法項目		場　面		働き・機能
具現形	人物	場所・時間	話題	（ウ）F1
名詞＋to- 不定詞	家族	自宅	買い物	説明する

［例］　I want <u>something to wear</u> to the party next Sunday.

文法項目		場　面		働き・機能
具現形	人物	場所・時間	話題	（オ）F2
Please tell ～ …	通行人	道路	道順	依頼する

［例］　<u>Please tell me the way</u> to the ABC store.

文法項目		場　面		働き・機能
具現形	人物	場所・時間	話題	（イ）F3
You look ～	店員	店	洋服	褒める

［例］　<u>You look</u> very pretty in that dress.

文法項目		場　面		働き・機能
具現形	人物	場所・時間	話題	（ウ）F1
～ er than …	友だち	車中	観光地	説明する

［例］　Tokyo Sky Tree is <u>taller than</u> Tokyo Tower.

文法項目		場　面		働き・機能
具現形	人物	場所・時間	話題	（ウ）F1
the ～ est in …	友だち	車中	観光地	説明する

［例］　Tokyo Sky Tree is <u>the tallest in</u> Japan.

文法項目		場　面		働き・機能
具現形	人物	場所・時間	話題	（ウ）F1
more ～ than …	友だち	車中	観光地	説明する

［例］　Tokyo Sky Tree is <u>more beautiful than</u> Tokyo Tower.

文法項目		場　面		働き・機能
具現形	人物	場所・時間	話題	（ウ）F1
the most ～ in …	友だち	車中	観光地	説明する

［例］　Tokyo Sky Tree is <u>the most beautiful in</u> Japan.

文法項目		場　面		働き・機能
具現形	人物	場所・時間	話題	（エ）F4
I think（that）…	友だち	教室・授業	職業	意見を言う

［例］　<u>I think</u> knowledge is important for democracy.

文法項目		場　面		働き・機能
具現形	人物	場所・時間	話題	（イ）F2
I enjoy ＋動名詞	友だち	教室・授業	職業	好みを言う

［例］　<u>I enjoyed talking</u> about my future job.

　上記の通り、中学校2年生の教材においても、生徒にとって身近な友だちや家族が登場する場面を通して「事実に関する情報を伝える／求める」働きを理解させ、言語活動を行うことが中心になります。しかし、学年の後半になると「考えや意図を伝える」「気持ちを伝える」働きなどの指導が求められることがわかります。

2.3 中学校3年生レベル

文法項目	場　面			働き・機能
具現形	人物	場所・時間	話題	（ウ）F1
have been 〜 for	教師・生徒	教室・授業	学校	説明する

［例］ I <u>have been</u> in Japan <u>for</u> a year.

文法項目	場　面			働き・機能
具現形	人物	場所・時間	話題	（ウ）F8
Have you been ?	教師・生徒	教室・休み時間	友だち	質問する

［例］ <u>Have you been</u> friends for a long time?

文法項目	場　面			働き・機能
具現形	人物	場所・時間	話題	（ウ）F2
have just/already 〜	教師・生徒	教室・放課後	コンピューター	報告する

［例］ I <u>have just heard</u> from Emi that you have a new computer.

文法項目	場　面			働き・機能
具現形	人物	場所・時間	話題	（ウ）F8
Have you ever 〜 ?	教師・生徒	教室・放課後	コンピューター	質問する

［例］ <u>Have you ever heard</u> the word *paso-kon*?

文法項目	場　面			働き・機能
具現形	人物	場所・時間	話題	（ウ）F1
S+V+O （how to）	友だち	友だちの家	コンピューター	説明する

［例］ I know <u>how to use</u> the computer.

文法項目		場　面		働き・機能
具現形	人物	場所・時間	話題	（オ）F2
I ask to- 不定詞	友だち	友だちの家	コンピューター	依頼する

［例］　<u>I will ask you to teach</u> how to use it.

文法項目		場　面		働き・機能
具現形	人物	場所・時間	話題	（イ）F1
It is ～ to- 不定詞	友だち	友だちの家	お礼	礼を言う

［例］　<u>It was kind of you to invite</u> me. I had a very good time.

文法項目		場　面		働き・機能
具現形	人物	場所・時間	話題	（ウ）F1
is loved by ～	教師・生徒	教室・放課後	絵画	説明する

［例］　This painting <u>is loved by</u> many people.

文法項目		場　面		働き・機能
具現形	人物	場所・時間	話題	（ウ）F8
Was it painted by ～?	教師・生徒	教室・放課後	絵画	質問する

［例］　<u>Was it painted by</u> Hokusai?

文法項目		場　面		働き・機能
具現形	人物	場所・時間	話題	（ウ）F1
NP ＋現在分詞	友だち	教室・授業	ロボット	説明する

［例］　Look at <u>the robot speaking</u> English.

文法項目		場　面		働き・機能
具現形	人物	場所・時間	話題	（ウ）F1
NP＋過去分詞	友だち	教室・授業	ロボット	説明する

［例］　The language <u>spoken</u> by the robot is French.

文法項目		場　面		働き・機能
具現形	人物	場所・時間	話題	（ウ）F1
NP＋接触節	友だち	教室・授業	ロボット	説明する

［例］　This is <u>a robot I found in the book</u>.

文法項目		場　面		働き・機能
具現形	人物	場所・時間	話題	（ウ）F1
関係代名詞 who	乗客	機内	海外旅行	説明する

［例］　I have <u>a friend who lives in New York</u>.

文法項目		場　面		働き・機能
具現形	人物	場所・時間	話題	（ウ）F1
関係代名詞 that	乗客	機内	観光地	説明する

［例］　The Statue of Liberty is <u>a present that was given by French people</u>.

文法項目		場　面		働き・機能
具現形	人物	場所・時間	話題	（エ）F4
疑問詞 +S+V	友だち	教室・授業	国際協力	意見を言う

［例］　I don't know <u>what you mean</u>.

文法項目		場　面		働き・機能
具現形	人物	場所・時間	話題	（エ）F10
I wish ～過去形	友だち	教室・授業	国際協力	仮定する

［例］　I wish I were in Australia now.

文法項目		場　面		働き・機能
具現形	人物	場所・時間	話題	（エ）F10
If ～過去形	友だち	教室・授業	国際協力	仮定する

［例］　If I had a lot of pens and notebooks, I would donate them.

　上記の通り、中学校 3 年生の教材では、場面や話題等に広がりが見られます。言語の働きとしては「説明する」が中心ですが、1・2 年生に比べ高度な説明が求められます。また、相手の行動を促し「さまざまなことを行わせる」働きなどの指導が求められます。

　また、標準的な日本の中学校教科書で扱われる具現形（基本文や目標文構造）を「場面別機能」を観点として教材分析を行ったところ、「社会生活の円滑化（ア）コミュニケーションを円滑にする」カテゴリーの言語の働き・機能については、基本文や目標文構造として取り扱う機会は設定されていないことが明らかになりました。つまりこれは、このカテゴリーに含まれる言語の働き・機能については、教科書本文の中に関連する表現が登場した際に、その都度、知識・用法を習得させる配慮が必要となることを意味します。

3. 文法項目別「言語の働き・機能」の例（高等学校）

　今度は、標準的な日本の高等学校教科書に登場する文法項目を「（ア）コミュニケーションを円滑にする」「（イ）気持ちを伝える」「（ウ）事実・情報を伝える」「（エ）考えや意図を伝える」「（オ）相手の行動を促す」の 5 カテゴ

リーに分類し、それぞれの「場面別機能（F1-10 と略記する）」を例示します。

3.1　高等学校 1 年生レベル

文法項目		場　面		働き・機能
具現形	人物	場所・時間	話題	（ウ）F2
It was ～	友だち	E メール	自己紹介	報告する

　［例］　Our band played some Japanese songs. <u>It was</u> fun!

文法項目		場　面		働き・機能
具現形	人物	場所・時間	話題	（ウ）F4
They were playing	友だち	手紙文	学校	描写する

　［例］　<u>They were playing</u> the Japanese drums.

文法項目		場　面		働き・機能
具現形	人物	場所・時間	話題	（ウ）F1
You can ＋原形	友だち	イベント	アニメ	説明する

　［例］　<u>You can see</u> Mickey Mouse there.

文法項目		場　面		働き・機能
具現形	人物	場所・時間	話題	（オ）F6
You should ＋原形	友だち	イベント	アニメ	助言する

　［例］　<u>You should read</u> this comic.

文法項目		場　面		働き・機能
具現形	人物	場所・時間	話題	（ウ）F1
I 〜 to- 不定詞	友だち	教室・休み時間	食べ物	説明する

〔例〕　I went to a supermarket <u>to buy</u> some food.

文法項目		場　面		働き・機能
具現形	人物	場所・時間	話題	（イ）F8
I want to- 不定詞	友だち	教室・休み時間	食べ物	望む

〔例〕　<u>I want to eat</u> curry and rice tonight.

文法項目		場　面		働き・機能
具現形	人物	場所・時間	話題	（ウ）F1
名詞 to- 不定詞	友だち	教室	食べ物	説明する

〔例〕　Curry and rice has <u>something to attract</u> us.

文法項目		場　面		働き・機能
具現形	人物	場所・時間	話題	（イ）F2
I enjoy+ 動名詞	友だち	教室・授業	外国語	好みを言う

〔例〕　<u>I enjoy learning</u> English.

文法項目		場　面		働き・機能
具現形	人物	場所・時間	話題	（エ）F4
I know 動名詞（主語）	友だち	教室・授業	外国語	主張する

〔例〕　<u>I know studying English</u> is important.

文法項目		場　面		働き・機能
具現形	人物	場所・時間	話題	（エ）F2
How about＋動名詞	友だち	教室・授業	外国語	提案する

［例］　How about studying English much harder?

文法項目		場　面		働き・機能
具現形	人物	場所・時間	話題	（ウ）F1
was painted by ～	友だち	スピーチ	絵画	説明する

［例］　This picture was painted by Picasso.

文法項目		場　面		働き・機能
具現形	人物	場所・時間	話題	（ウ）F4
is loved by ～	友だち	スピーチ	絵画	描写する

［例］　Look at this picture. Her mysterious smile is loved by many people.

文法項目		場　面		働き・機能
具現形	人物	場所・時間	話題	（ウ）F8
Have you ever ～	教師・生徒	教室・授業	動物	質問する

［例］　Have you ever seen penguins?

文法項目		場　面		働き・機能
具現形	人物	場所・時間	話題	（ウ）F1
have＋過去分詞	友だち	教室・授業	動物	説明する

［例］　Penguins have had hardships for a long time.

文法項目	場　面			働き・機能
具現形	人物	場所・時間	話題	（ウ）F2
have already ～	友だち	教室・授業	動物	報告する

［例］　Penguins <u>have already overcome</u> hardships.

文法項目	場　面			働き・機能
具現形	人物	場所・時間	話題	（ウ）F3
It is … to ～	話し手	インタビュー	自然	発表する

［例］　<u>It is wonderful for me to share</u> my memories with you.

文法項目	場　面			働き・機能
具現形	人物	場所・時間	話題	（ウ）F6
It is … that ～	話し手	インタビュー	自然	要約する

［例］　<u>It is clear that</u> we should protect nature.

文法項目	場　面			働き・機能
具現形	人物	場所・時間	話題	（ウ）F2
関係代名詞 who	書き手	説明文	戦争	報告する

［例］　There were many Japanese-Americans <u>who</u> lived in Hawaii.

文法項目	場　面			働き・機能
具現形	人物	場所・時間	話題	（ウ）F4
関係代名詞 which	書き手	説明文	戦争	描写する

［例］　Okinawa is a place <u>which</u> is famous for its beautiful beaches.

文法項目		場　面		働き・機能
具現形	人物	場所・時間	話題	（ウ）F5
分詞構文	書き手	説明文	戦争	理由を述べる

［例］　<u>Relaxing in Okinawa</u>, many people feel better.

文法項目		場　面		働き・機能
具現形	人物	場所・時間	話題	（ウ）F1
as 〜 as …	書き手	説明文	外国	説明する

［例］　The population of the country is <u>as large as</u> Chiba Prefecture.

文法項目		場　面		働き・機能
具現形	人物	場所・時間	話題	（ウ）F1
〜 er than …	書き手	説明文	外国	説明する

［例］　The country is <u>smaller than</u> Japan.

文法項目		場　面		働き・機能
具現形	人物	場所・時間	話題	（ウ）F1
the 〜 est …	書き手	説明文	外国	説明する

［例］　Mountains are one of <u>the greatest</u> gifts of nature.

文法項目		場　面		働き・機能
具現形	人物	場所・時間	話題	（イ）F8
I wish 〜過去形	書き手	説明文	天体観測	望む

［例］　<u>I wish I could see</u> a faraway galaxy.

文法項目	場　面			働き・機能
具現形	人物	場所・時間	話題	（ウ）F4
関係副詞 where	書き手	説明文	天体観測	描写する

［例］　There is a place <u>where</u> we can see millions of stars.

　上記の通り、高等学校1年生で扱われる文法項目（具現形）の多くは、中学校3年生の既習教材となります。これは「英語教育における小中高の連携」を意図した教科書編集が行われているからに他なりません。話題については中学校に比べ広がりが見られますが、学年の後半に進むにつれて、身近な人物が登場する設定ではなく、第三者によって書かれた「説明文形式」が多くなっていることがわかります。言語の働きとしては「説明する」「報告する」「発表する」など「（ウ）事実・情報を伝える」が中心ですが、「（イ）気持ちを伝える」や「（エ）考えや意図を伝える」働きなどについても指導が求められます。

3.2　高等学校2年生レベル

文法項目	場　面			働き・機能
具現形	人物	場所・時間	話題	（ウ）F2
more ～ than …	友だち	教室・授業	外国	報告する

［例］　The *bon* dance is <u>more popular than</u> any other dances in Japan.

文法項目	場　面			働き・機能
具現形	人物	場所・時間	話題	（ウ）F2
the most ～ in …	友だち	教室・授業	外国	報告する

［例］　The *bon* dance is one of <u>the most famous</u> dances <u>in</u> the world.

文法項目		場　面		働き・機能
具現形	人物	場所・時間	話題	（エ）F4
関係代名詞 what	参加者	SNS	乗り物	主張する

［例］　I think eco-cars are <u>what we really need</u> in twenty-first century.

文法項目		場　面		働き・機能
具現形	人物	場所・時間	話題	（イ）F3
関係代名詞 what	参加者	SNS	乗り物	褒める

［例］　You have a nice bike. That's <u>what I want</u>.

文法項目		場　面		働き・機能
具現形	人物	場所・時間	話題	（ウ）F4
have been ～ ing	芸人	インタビュー	話術	描写する

［例］　Since then, I <u>have been performing</u> in many countries.

文法項目		場　面		働き・機能
具現形	人物	場所・時間	話題	（エ）F4
疑問詞＋S＋V	書き手	説明文	動物	意見を言う

［例］　We need to think about <u>why polar bears are endangered</u>.

文法項目		場　面		働き・機能
具現形	人物	場所・時間	話題	（イ）F2
NP＋現在分詞	友だち	部活動	絵画	好みを伝える

［例］　I like <u>her pretty mouth smiling</u> at us.

文法項目		場　面		働き・機能
具現形	人物	場所・時間	話題	（ウ）F2
NP＋過去分詞	友だち	部活動	絵画	報告する

［例］　The Mona Lisa is <u>the painting best known</u> in the world.

文法項目		場　面		働き・機能
具現形	人物	場所・時間	話題	（オ）F2
ask 〜 to- 不定詞	高校生	特別活動	レストラン	依頼する

［例］　I'll <u>ask</u> you <u>to sell</u> some vegetables.

文法項目		場　面		働き・機能
具現形	人物	場所・時間	話題	（オ）F3
want 〜 to- 不定詞	高校生	特別活動	レストラン	誘う

［例］　We <u>want</u> you <u>to come and enjoy</u> the meal with us.

文法項目		場　面		働き・機能
具現形	人物	場所・時間	話題	（エ）F4
wonder if 〜	友だち	教室・授業	自然保護	主張する

［例］　I <u>wonder if</u> we can save our planet.

文法項目		場　面		働き・機能
具現形	人物	場所・時間	話題	（イ）F3
（ , ）＋ who	音楽家	学生生活	音楽活動	褒める

［例］　I admire the great musician, <u>who</u> developed his original music.

文法項目		場　面		働き・機能
具現形	人物	場所・時間	話題	（イ）F2
(,) + which	音楽家	学生生活	音楽活動	好みを言う

［例］　I love jazz, <u>which</u> is originally played by black Americans.

文法項目		場　面		働き・機能
具現形	人物	場所・時間	話題	（ウ）F1
関係副詞 where	友だち	Ｅメール	海外旅行	説明する

［例］　I'm going to visit a village <u>where</u> we can see many beautiful gardens.

文法項目		場　面		働き・機能
具現形	人物	場所・時間	話題	（イ）F8
関係副詞 when	友だち	Ｅメール	海外旅行	望む

［例］　I hope you will never forget the time <u>when</u> we spent together.

文法項目		場　面		働き・機能
具現形	人物	場所・時間	話題	（ウ）F4
see 〜原形	友だち	スピーチ	芸能	描写する

［例］　I <u>saw</u> the two dancers <u>move</u> as one.

文法項目		場　面		働き・機能
具現形	人物	場所・時間	話題	（ウ）F4
hear 〜 ing	友だち	スピーチ	芸能	描写する

［例］　I <u>heard</u> Paul <u>playing</u> the drums.

文法項目		場　面		働き・機能
具現形	人物	場所・時間	話題	（ウ）F7
make 〜原形	書き手	説明文	アフリカ	共感する

［例］　I'm sorry that parents <u>make</u> their children <u>work</u> on farms.

文法項目		場　面		働き・機能
具現形	人物	場所・時間	話題	（オ）F2
have 〜原形	書き手	説明文	アフリカ	依頼する

［例］　I'll <u>have</u> Mike <u>help</u> me with my homework.

文法項目		場　面		働き・機能
具現形	人物	場所・時間	話題	（オ）F5
let 〜原形	書き手	説明文	アフリカ	許可する

［例］　My parents <u>let</u> me <u>go and study</u> abroad.

文法項目		場　面		働き・機能
具現形	人物	場所・時間	話題	（ウ）F2
分詞構文	書き手	説明文	宇宙探査	報告する

［例］　<u>Traveling for about one year,</u> the probe arrived at Mars.

　高等学校2年生で扱われる文法項目（具現形）は多岐にわたります。言語の働きに関しても「（イ）気持ちを伝える」「（ウ）事実・情報を伝える」「（エ）考えや意図を伝える」に加えて「（オ）相手の行動を促す」働きなどについても指導が求められます。話題については1学年の後半に多用されていた第三者による「説明文形式」よりも、身近な人物に対する発表やインタビュー、メー

ルを書かせるなどの題材形式で、さまざまな話題が扱われていることがわかります。

3.3 高等学校 3 年生レベル

文法項目		場　面		働き・機能
具現形	人物	場所・時間	話題	（ウ）F2
had ＋過去分詞	友だち	教室・放課後	日本文化	報告する

〔例〕　Mike <u>hadn't known</u> the *wadaiko* until he came to Japan.

文法項目		場　面		働き・機能
具現形	人物	場所・時間	話題	（エ）F9
will be ～ ing	パティシェ	インタビュー	スイーツ	推論する

〔例〕　Many people <u>will be eating</u> my sweets and <u>staying</u> healthy.

文法項目		場　面		働き・機能
具現形	人物	場所・時間	話題	（エ）F10
If ～過去完了形	パティシェ	インタビュー	スイーツ	仮定する

〔例〕　<u>If I had not taken</u> her advice, I <u>might have had</u> little interest in sweets.

文法項目		場　面		働き・機能
具現形	人物	場所・時間	話題	（ウ）F6
hardly/scarcely	書き手	説明文	自然保護	要約する

〔例〕　As a result, we can <u>hardly</u> see the bird on the island.

文法項目		場　面		働き・機能
具現形	人物	場所・時間	話題	（ウ）F2
無生物主語	書き手	説明文	歴史	報告する

［例］　The stone enabled scholars to learn more about the ancient society.

文法項目		場　面		働き・機能
具現形	人物	場所・時間	話題	（ウ）F2
〜 times as … as	友だち	教室・授業	エネルギー	報告する

［例］　The total amount of CO_2 is more than two times as much as in 1970.

文法項目		場　面		働き・機能
具現形	人物	場所・時間	話題	（ウ）F2
分詞構文	書き手	説明文	人種差別	報告する

［例］　Black children went to school, protected by a police officer.

　高等学校3年生で扱われる文法項目（具現形）は1・2年生に比べると限定的ですが、これは大学入試等の関係もあり、授業時数が限られていることによると考えられます。話題に関しても、単元数が少なめでトピックは限られていますが、第三者（書き手）による「説明文形式」よりも、身近な人物に発表やインタビュー、メールを書かせるなどの題材形式で扱われていることがわかります。言語の働きに関しては「（イ）気持ちを伝える」「（ウ）事実・情報を伝える」「（エ）考えや意図を伝える」に加えて「（オ）相手の行動を促す」働きなど多岐にわたって扱われており、文法項目の形式や意味の指導と同様あるいはそれ以上に「用法・機能」を重視して指導する必要があります。

第5章

言語の使用場面・働きを重視した授業の実際

第4章では、日本の学習指導要領の二重シラバス構造を前提として「言語の使用場面・働き」を重視した英語授業を行うための方法について考えてみました。本章では、実際に教室で使用される中学校・高等学校教科書の題材を取り上げて、授業展開例や文法項目別指導例を紹介したいと思います。

1. 中学校の授業展開例

1. 単元名　Unit 1　A Trip to Singapore
　　　　　　NEW HORIZON English Course 2（東京書籍）
2. 単元について
1）　単元観
　本単元は、ゴールデンウィークを利用して朝美がシンガポール在住のおば夫婦と一緒に過ごすという設定である。教室でクック先生と対話している場面から始まり、友人のジョシュに予定を伝えるEメール、シンガポール市内を車で移動している場面、マーライオンをジョシュに紹介するために動画撮影を行っている場面、日本にいるメグに宛てたEメールなどが紹介されている。生徒たちに海外を旅行することの楽しさを疑似体験させ、海外の文化や言語について考えるきっかけにさせたい。

2）　言語材料

文法項目	場面（人物・場所・時間・話題）	機　能
be going to	友人同士・メール・休日の予定	（ウ）F1 説明する
助動詞 will	家族、車中の会話、昼食	（エ）F3 約束する
SVOO	家族、公園での動画、マーライオン	（エ）F1 申し出る
SVOC	友人同士・メール・観覧車	（ウ）F1 説明する

　言語材料としては、助動詞などの未来表現（be going to, will）と SV（show, give, buy, teach）OO および SV（call）OC の文構造が扱われており、予定や計画についての発表や、やり取りを行う言語活動を展開することができる。

　3）　単元の目標

①　助動詞などの未来表現（be going to, will）と SV（show, give, buy, teach）OO および SV（call）OC の文構造を理解して、自分の考えや意図を伝えたりする技能を身につけることができる（知識・技能）。

②　朝美のシンガポール旅行に関する英文を聞いたり読んだりして内容を理解し、朝美の行動予定等を話したり書いたりして伝えることができる（思考・判断・表現）。

③　助動詞などの未来表現と SVOO および SVOC の文構造を用いて、主体的にコミュニケーション活動に取り組むことができる（主体的に学習に取り組む態度）。

　3.　指導計画

　　第1時　扉 /Preview/Scene 1

　　第2時　Scene 2 ［本時］

　　第3時　Mini Activity

　　第4時　Read and Think 1-1

　　第5時　Read and Think 1-2

　　第6時　Read and Think 2-1

第7時　Read and Think 2-2

第8時　Unit Activity

4. 本時の指導

1）　本時の目標

①　助動詞 will を用いた文の形・意味・用法を理解して、自分の考えや意図を伝えたりする技能を身につけることができる（知識・技能）。

②　朝美とおじの車内での対話を聞いたり読んだりして内容を理解し、朝美の行動予定を話したり書いたりして伝えることができる（思考・判断・表現）。

③　助動詞 will を用いて、主体的にコミュニケーション活動に取り組むことができる（主体的に学習に取り組む態度）。

2）　教材観

中学校1年生の学習では、主な時制として現在形と過去形について学んできた。本単元で、be going to, 助動詞 will などの未来表現を学習することにより、生徒たちは予定や計画などについて発表したり、やり取りを行ったりすることができるようになる。中学生のシンガポール旅行という、生徒が興味・関心をもちやすい場面設定を活かして、助動詞 will の使用場面や働きを理解させたい。特に、「約束する」という場面的機能に注目させたい。題材的には、海外旅行や海外の文化や言語に対する興味・関心を高め、広く世界に目を向ける姿勢を育てたい。

3）　展開（略案）

	教授活動（※ 4P アプローチ）	学習活動
場面の中で提示する	T：（車中の朝美、おば、おじの絵を見せて）Look at this picture. Asami's aunt is driving a car. Asami and her uncle are talking in the car. What are they talking about? Can you guess? They are talking about their lunch. Asami says, "I want to eat seafood." Then he says, "OK. I'll make a reservation."	・絵を見ながら教師の英語による場面説明を聞く。

気づきを促す	（板書して助動詞 will に注目させる） I will make a reservation.［板書］ T：（板書を指して）Now Asami and her uncle are talking about their lunch in the car. She says, "I want to eat seafood." Then he says, "OK. I'll make a reservation."	・板書された英文を見て、助動詞 will に注目する。
意味を推測させる	T：（reservation を指して）この単語は「予約」という意味で、make a reservation で「予約する」という意味になります。お昼にシーフードを食べたいと言った朝美に対して、「私が予約する」ではおじさんの言い方が少し不自然ですね。（will に下線を引いて）この単語はどのような意味を伝えているのでしょうか、隣の人と少し相談してみてください。それでは意味がわかったペアは手をあげてください。 T：そうですね、おじさんは朝美がシーフードを食べたいという話を車の中で聞いて、その場で予約することを決めたので「これから…しよう」という表現を使ったのですね。つまり、おじさんは "OK. I'll make a reservation." と発言して朝美や運転をしているおばさんに昼食は自分が予約することを「約束」しています（言語の働き「約束する」と板書）。それでは意味と働きが確認できたところで一緒に読んでみましょう。Repeat after me. I will make a reservation.（×2）	・教師からのヒントや説明を聞きながら、板書された英文の意味を推測する。 S：私がこれから予約しよう。 S：I will make a reservation.（×2）
言語活動に	場面：おばの家に宿泊中の朝美が日本にいる父親と電話で話をしている。 T：日本に帰ったらどのようなことをすると父親に約束しているでしょうか。語句の書かれたカードを見せるのでペアで相談して朝美になったつもりで英	

	語で言ってください。	
参加させる	(tell, interesting things about Singapore と書かれたカードを見せて)	ペアで相談する
	T：先生が父親になります。So, what will you do for me? (show/some pictures of Singapore と書かれたカードを見せて)	S：I will tell you interesting things about Singapore.
	T：So, what will you do for me? (give/some cookies と書かれたカードを見せて)	S：I will show you some pictures of Singapore.
	T：So, what will you do for me?	S：I will give you some cookies.

【本時の授業展開に関する解説】

１）　場面の中で提示する

ピクチャーカードを活用して場面設定を行い、新出文法項目（助動詞 will）を「オーラル」で提示しています。車中の朝美とおじの話題が「昼食」になり、シーフードを希望する朝美に対するおじの "OK. I'll make a reservation." という発言に注目させています。

２）　気づきを促す

口頭による説明で注目させた "OK. I'll make a reservation." の文を板書して、視覚的に助動詞 will の形式面での特徴に気づかせるようにしています。

３）　意味を推測させる

助動詞 will の意味をペアで相談して考えるように指示を行っています。また、「言語の使用場面・働き」を重視した英語授業を行うために、提示した具現形がどのような働き・機能を持つ表現であるかを明示的に説明しています。

［⇐（エ）考えや意図を伝える：機能3］

４）　言語活動に参加させる

教師の指示のもとに正確な英文を表出する練習として「口頭英作文」を行っています。この活動の目的は新しい言語形式に慣れさせることですが、生徒が口頭で話す英語が有意味で、生徒が近い将来に実際に口にする可能性がある内容や表現であることが望まれます。そのための配慮として「おばの家に宿泊中

の朝美が日本にいる父親と電話で話をしている」という場面において、助動詞will を活用して「約束する」という言語の働きを重視した言語活動を行っています。

| コラム | 4P アプローチ（杉田，2016） |

1st P：場面の中で提示する（Presentation in situations）

　教科書で新出の文や文構造、文法項目として扱われる目標文を「具現形」と位置付けて、それが生徒に知覚されるように、実際の言語使用に近い場面を、絵や写真、実物などを活用して設定し、提示を行うようにします。

2nd P：気づきを促す（Promotion of noticing）

　生徒に、聞き慣れない、意味がわからない発話単位として知覚された新出文法項目を、既習の文法項目と対比させることにより新出項目の「言語形式」の特徴について気づきを促すようにします。

3rd P：意味を推測させる（Prediction of meaning）

　新出文法項目の形式面での特徴が把握されたところで、その「意味・内容」を推測させるようにします。

4th P：言語活動に参加させる（Participation in practice）

　新出文法項目の言語形式および意味・内容が理解できたところで、「模倣」と「再生」による言語活動に移ります。活動の前半は、聞き取った発話単位を、聞いた直後にある程度の正確さをもって音声化して繰り返すドリルやプラクティスによる模倣練習に重点をおきます。活動の後半は、知覚して理解し、模倣して音声化できるようになった発話単位を、意味理解を伴って再生できるようにアクティビティー、タスクなどに取り組ませて新出文法項目の同化を促します。

2. 高等学校の授業展開例

1. 単元名　Lesson 7　A Microcosm in the Sea

　　　　All Aboard! Communication English II（東京書籍）

2. 単元について

1）　単元観

本単元では、オーストラリア出身のマイクが、グレートバリアリーフが直面する問題についてプレゼンテーションを行い、世界遺産の保護に対する自分の思いを訴えるという設定である。教室でプレゼンテーションを始める場面から始まり、サンゴの生態や白化などについての発表が行われている。生徒たちにグレートバリアリーフが直面している危機について理解させ、貴重な自然を保護することの重要性について考えるきっかけにさせたい。

2）　言語材料

文法項目	場面（人物・場所・時間・話題）	機　能
I'd like to ～	友人同士・教室・世界遺産	（ウ）F3 発表する
～ because of	友人同士・教室・サンゴの生態	（ウ）F5 理由を述べる
I wonder if 節	友人同士、教室、サンゴの危機	（エ）F4 主張する
I believe that 節	友人同士、教室、世界遺産の保護	（エ）F4 主張する

　言語材料としては、英語でプレゼンテーションを行う際によく用いられる表現が数多く扱われており、各表現の働き・機能を適切に理解させて、興味あるテーマについて実際に英語で発表する言語活動を展開することができる。

3）　単元の目標

①　「発表する」「理由を述べる」「主張する」ための英語表現を理解して、英語で発表する技能を身につけることができる（知識・技能）。

②　オーストラリアの世界遺産に関するプレゼンテーションの内容を

聞いたり読んだりして内容を理解し、世界遺産の保護に対する自分
の意見や考えを話したり書いたりして伝えることができる（思考・
判断・表現）。
③　「発表する」「理由を述べる」「主張する」ための英語表現を用い
て、主体的にコミュニケーション活動に取り組むことができる（主
体的に学習に取り組む態度）。

3.　単元の指導計画
　　第1時　本文1（p.68）、マイクは何について発表していますか
　　第2時　本文2（p.69）、"coral bleaching" とはどのような現象か
　　　　　　［本時］
　　第3時　本文2（p.70）、マイクは何を訴えていますか
　　第4時　Reading Out, Target, Exercise（pp.71-72）
　　第5時　Communication, Getting the Necessary Information（pp.73-75）
　　第6時　プレゼンテーションにチャレンジ（p.76）

4.　本時の指導
　1）　本時の目標
①　「理由を述べる」「主張する」ための英語表現を理解して、英語で
発表する技能を身につけることができる（知識・技能）。
②　サンゴの白化に関するプレゼンテーションの内容を聞いたり読ん
だりして内容を理解し、自然保護に対する自分の意見や考えを話し
たり書いたりして伝えることができる（思考・判断・表現）。
③　「理由を述べる」「主張する」ための英語表現を用いて、主体的に
コミュニケーション活動に取り組むことができる（主体的に学習に
取り組む態度）。

　2）　教材観
本時の題材は、グレートバリアリーフが直面するサンゴの白化（coral
bleaching）について、マイクがその理由について説明を行うという設
定である。生徒が興味・関心をもちやすい場面設定を活かして、「理由
を述べる」「主張する」という場面別機能に注目させたい。オーラル・

イントロダクションとリーディングにより内容理解を促し、生徒自身によるプレゼンテーションの準備として、次世代のこどもたちが美しいサンゴ礁を見ることができるかどうかについて、自分の考えをまとめさせる活動に取り組ませたい。

3）展開（略案）

	教授活動（4P アプローチ）	学習活動
場面の中で提示する	・本文のオーラル・イントロダクションを行う ・wonder if 〜の意味、新出語句の説明も合わせて行う T：Now I am going to talk about today's part. Listen to me carefully. Today, Mike is talking about a crisis of the Great Barrier Reef. More and more coral is turning white.（白化したサンゴの写真を見せながら）. Coral in the sea is very colorful, but the coral in this picture is white. Why? Because it is dying. Dead coral becomes white. A lot of coral is dying because of global warming, water pollution,（下線部を板書してカードを貼り「水質汚染」と書く）, erosion（カードを貼り「土壌浸食」と書く）, and so on. This phenomena is called "coral bleaching."（カードを貼り「現象」「サンゴ白化現象」と書く）. Some scientists say that 80 percent of the Great Barrier Reef will be lost by 2050 if this environmental situation continues. Mike asks himself, "Will our children be able to see these beautiful reefs decades from now?"（カードを貼り「今から数十年後に」と書く）. Mike thinks "No," so he says, "I wonder if our children will be able to see these beautiful reefs decades from now." （下線部を板書）	・絵を見ながら教師の英語による場面説明を聞く。

気づきを促す	（板書した文に注目させる） A lot of coral is dying because of global warming.［板書①］ T：（板書①を指して）A lot of coral is dying. Why? Mike says, "Because of global warming." I wonder if our children will be able to see these beautiful reefs decades from now.［板書②］ T：（板書②を指して）Mike asks himself, "Will our children be able to see these beautiful reefs decades from now?" Mike thinks "No," so he says, "I wonder if our children will be able to see these beautiful reefs decades from now."	・板書された英文を見て、because of に注目する。 ・板書された英文を見て、I wonder if に注目する。
意味を	T：（板書①を指して）この文でマイクは多くのサンゴが死滅している理由を述べています。どのような理由か、隣の人と少し相談してみてください。それでは意味がわかったペアは手をあげてください。 T：そうですね、グレートバリアリーフのサンゴが死滅している理由はいくつかありますが、その直接的な理由の1つに地球温暖化があります。このbecause of は「～のために」という意味で理由を述べる時に用います（板書②を指して）この文はマイクが「10年後にも美しいサンゴが見られるだろうか」と自問してその答えを述べています。この "I wonder if" の部分は「～かどうかと思う」という意味を表します。文全体としてどのような意味になるか、隣の人と少し相談してみてください。それでは意味がわかったペアは手をあげてください。	・教師からのヒントや説明を聞きながら、板書された英文の意味を推測する。 S：地球温暖化のため。 S：今から10年後に子どもたちは美しいサンゴを見ることができるだ

推測させる	T：そうですね。この文からはマイクが10年後の子どもたちがサンゴを見ることができるかできないか不確かな印象を受けますね。この例のように"I wonder if"は不確かであることを主張する時に用いる表現です。それでは意味と働きが確認できたところで一緒に読んでみましょう。 T：Repeat after me. A lot of coral is dying because of global warming. I wonder if our children will be able to see these beautiful reefs decades from now.（×2）	ろうか。 S：A lot of coral is dying because of global warming. I wonder if our children will be able to see these beautiful reefs decades from now.（×2）
言語活動に参加させる	T：Open your textbooks to page 72. Look at Exercise B. For example, Saori and golf. A says, "I wonder if Saori plays golf. What do you think? Then B says, I think so, too. Or I don't think so. Do you understand? T：OK, let's start, No.1: Mike and snow-boarding. T：Good. No.2: Linda and cooking. Finally, No.3: Ms. Green and motorcycle	ペアで活動する S1："I wonder if Mike likes snow-boarding. What do you think? S2：I think so, too./I don't think so.

【本時の授業展開に関する解説】

　1）　場面の中で提示する

　ピクチャーカードを活用して教師がマイクになってプレゼンテーションをして場面設定を行っています。新出語句はその都度フラッシュカードを提示しながら進めています。"A lot of coral is dying because of global warming." "I wonder if our children will be able to see these beautiful reefs decades from now."の2文については英語で補足説明を行い、注目させています。

　2）　気づきを促す

　口頭による説明で注目させた2つの文を板書する際に、because of/ I wonder ifは視覚的に目立つように工夫して特徴に気づかせるようにしていま

す。

3）　意味を推測させる

2つの文の意味をペアで相談して考えるように指示を行っています。また、「言語の使用場面・働き」を重視した英語授業を行うために、提示した具現形がどのような働き・機能を持つ表現であるかを明示的に説明しています。

[←(ウ) 事実・情報を伝える：機能5／(エ) 考えや意図を伝える：機能4]

4）　言語活動に参加させる

教師の指示のもとに正確な英文を表出する練習としてモデル文による「英問英答」を行っています。この活動の目的は新しい言語形式に慣れさせることですが、I wonder if の文を口頭で作文するだけでなく、相手はどう思うか質問させることにより、生徒が近い将来に実際に行う可能性のある英語でのやり取りをしながら「不確かであることを主張する」という言語の働きを重視した言語活動を行っています。

コラム	小中高 10 年間の英語教育を連携させるポイント

現在、日本の学校では高等学校卒業時に、生涯にわたり4技能を積極的に使えるようになる英語力を身に付けることをめざし、小中高 10 年間の英語教育が展開されています。小学校では中学年から外国語活動を開始し、音声に慣れ親しませながらコミュニケーション能力の素地を養います。高学年では「聞く」「話す」に加えて「読む」「書く」の態度の育成を含めたコミュニケーション能力の基礎を養います。中学校では簡単な情報交換ができるコミュニケーション能力を養い、高等学校ではさらにその能力を高めます。「言語の使用場面と働き」の有効活用は、このような英語によるコミュニケーション能力の育成をめざす小中高 10 年間の英語教育を連携させる授業づくりのポイントに他なりません。

3. 文法項目別指導例

3.1　be 動詞・進行形の指導例
3.1.1　This is ～ /He ［She］ is ～（中学校）

場　　面			働き・機能
人物	場所・時間	話題	（ウ）F1
友だち	初対面	紹介	説明する

［目標文］　<u>This is</u> Mike Davis. <u>He is</u> from America.
［指導のポイント］　日本人中学生のケンが、アメリカから来日したマイクを友だちに紹介している場面であることを明確にして「（ウ）事実・情報を伝える」の「機能1：説明する（近くや離れた人を説明する）」働きについて説明を行うようにします。

［指導展開例］

［場面提示］T: Look at this picture. They are Ken and his friends. They are in a classroom at school. Look at this boy. Who is this?（S: Mike./I don't know.）

［気づきを促す］T：（マイクを指して）This is Mike. His name is Mike Davis. He is American. He comes from America with his family. Today is the first day for Mike at Ken's school.

［意味推測］T: Ken says to his friends, "This is Mike Davis. He is from America." Can you guess the meaning of these sentences?

［言語活動］4～5名程度のグループで、自分の隣の生徒を紹介し合う活動を行います。紹介の際には起立して、相手の名前と出身小学校を説明するように指示します。

3.1.2　Is this/that your ～？（中学校）

場　　面			働き・機能
人物	場所・時間	話題	（ウ）F8
友だち	友だちの家	持ち物	質問する

［目標文］　<u>Is this/that your</u> smartphone?

［指導のポイント］　週末に訪れた友だちの家で、居間のテーブルに置かれていたスマートフォンについての発言であることを明確にして「（ウ）事実・情報を伝える」の「機能8：質問する（確認のため）」働きについて説明を行うようにします。

［指導展開例］

［場面提示］T: Look at this picture. Ken is in the living room at Mike's house.（テーブルの上のスマートフォンを指して）What is this?（S: It's a smartphone./I don't know.）

［気づきを促す］T: In the living room, Ken found a smartphone on the table. Whose smartphone is this?（S: Mike's smartphone./His brother's smartphone./I don't know.）

［意味推測］T: Ken asks, "Is this your smartphone?" Mike says, "Yes, it is. I like this model." Can you guess the meaning of these sentences?

［言語活動例］ペアで自分持ち物を机上に5つ出し、順番に1つずつ取り上げて自分のものか、相手のものか確認する活動を行わせるようにします。

3.1.3 Ken is watching 〜（中学校）

場　面			働き・機能
人物	場所・時間	話題	（ウ）F4
家族	自宅	日曜日	描写する

［目標文］　<u>Ken is watching</u> TV.

［指導のポイント］　ケンの家族が日曜日に、それぞれどのようなことを行って過ごしているかを明確にして「（ウ）事実・情報を伝える」の「機能4：描写する（人物について描写する）」働きについて説明を行うようにします。

［指導展開例］

［場面提示］T: Look at this picture. Who are they?（S: Ken's family./I don't know.）These are members of Ken's family. They are at home now.

［気づきを促す］T: Today is Sunday, so they enjoy a weekend. How do they spend the weekend?

［意味推測］T: This is Ken. What is he doing now? Ken is watching TV.
Can you guess the meaning of this sentence?

［言語活動例］ケンの家族の日曜日の過ごし方について、ケン以外の人たちが行っていることを、絵を見て描写する活動を行います。

3.1.4　I was ～（中学校）

場　面			働き・機能
人物	場所・時間	話題	（ウ）F2
友だち	教室・休み時間	テレビ番組	報告する

［目標文］　<u>I was</u> at home with my family last night.

［指導のポイント］　昨晩の過ごし方について、教室で行っている友だち同士の情報交換で、ケンが自分の行動について述べた情報であることを明確にして「（ウ）事実・情報を伝える」の「機能2：報告する（事実に関する情報を述べる）」働きについて説明を行うようにします。

［指導展開例］

［場面提示］T: Ken and his friends are talking in the classroom. Now they are talking about a TV program last night.

［気づきを促す］T: I also watched TV last night.（S: What programs did you watch?）T: I watched a video drama with my family at home.

［意味推測］T: One of Ken's friends asks, "Where were you last night, Ken?" He says, "I was at home with my family last night." Can you guess the meaning of this sentence?

［言語活動例］昨夜、各生徒が滞在した場所を1つ取り上げさせて、滞在先を伝え合う活動を行います。一方的に伝えるだけでなく、相手の発言内容についてはメモを取らせるようにします。

3.1.5 I was watching ～（中学校）

場　面			働き・機能
人物	場所・時間	話題	（ウ）F4
友だち	教室・休み時間	テレビ番組	描写する

［目標文］　<u>I was watching</u> TV with my family last night.

［指導のポイント］　教室で行われている昨晩の過ごし方についての情報交換で、ケンが自分の行動について述べた情報であることを明確にして「（ウ）事実・情報を伝える」の「機能4：報告する（人物について描写する）」働きについて説明を行うようにします。

［指導展開例］

［場面提示］T: Where was Ken last night? Do you remember? He was at home with his family. What did he do then?

［気づきを促す］T: One of his friends asks Ken, "What were you doing with your family last night?" Do you have any ideas?

［意味推測］T: Ken answers, "I was watching TV with my family last night." Can you guess the meaning of this sentence?

［言語活動例］3.1.4 の活動で、昨晩の行動を付け加えて 4〜5 名程度のグループで情報交換や発表を行い、全体で発表を行わせるようにします。

3.2　助動詞の指導例

3.2.1　I can/can't ＋原形（中学校）

場　　面			働き・機能
人物	場所・時間	話題	（ウ）F1
友だち	マイクの家	スポーツ	説明する

［目標文］　I can play baseball, but I can't play volleyball.

［指導のポイント］　日本人中学生のケンが、アメリカから来日したマイクの家を訪問し、スポーツについて話している場面であることを明確にして「（ウ）事実・情報を伝える」の「機能1：説明する（あることを行うことができる／できないを表明する）」働きについて説明を行うようにします。

［指導展開例］

［場面提示］T: Look at this picture. They are Ken and Mike. Ken is staying at Mike's house now. They are talking about sports.

［気づきを促す］T:（マイクを指して）This is Mike. He is from the US.
What sports does he play?（S: He plays baseball/basketball/tennis.）.

［意味推測］T: Mike says to Ken, "I like sports. I can play baseball, but I can't play volleyball." Can you guess the meaning of these sentences?

［言語活動例］4～5名程度のグループで、自分ができるスポーツとできないスポーツをそれぞれ1つずつ紹介し合う活動を行います。

3.2.2　Can you ＋原形？（中学校）

場　面			働き・機能
人物	場所・時間	話題	（ウ）F8
友だち	マイクの家	スポーツ	質問する

［目標文］　A: <u>Can you play</u> tennis?　B: Yes, I can, but I'm not a good player.

［指導のポイント］　ケンがマイクの家で、スポーツについて行っているやり取りであることを明確にして「（ウ）事実・情報を伝える」の「機能8：質問する（確認のため）」働きについて説明を行うようにします。

［指導展開例］

［場面提示］T: Look at this picture. They are Ken and Mike. Ken is staying at Mike's house now. They are talking about sports.

［気づきを促す］T: What sports does Mike play?（S: He plays baseball.）How about Ken? Ken can play tennis, so he says, "I can play tennis."

［意味推測］T: Ken asks Mike, "Can you play tennis?" Mike says, "Yes, I can, but I'm not a good player." Can you guess the meaning of these sentences?

［言語活動例］ペアで、相手にできるかできないかを尋ねてみたいスポーツを3つずつ取り上げて確認する活動を行わせるようにします。

3.2.3　We will ＋原形（中学校）

場　面			働き・機能
人物	場所・時間	話題	（エ）F9
友だち	教室・授業	未来	推論する

［目標文］　<u>We'll have</u> very good medicine, so <u>we'll be</u> free from diseases.

［指導のポイント］　教室での未来についての意見交換で、友だちの未来に対する発言であることを明確にして「（エ）考えや意図を伝える」の「機能9：推論する（論理的推論を含む）」働きについて説明を行うようにします。

［指導展開例］

［場面提示］T: Look at this picture. Ken is talking with his friends in the classroom. What are they talking about?（S: I don't know.）They are talking about their future.

［気づきを促す］T: Today there are many sick people in the world. They catch a disease and die of disease. How about in the future?

［意味推測］T: One of Ken's friends says, "We'll have very good medicine, so we'll be free from disease." Can you guess the meaning of this sentence?

［言語活動例］未来に関するトピック（衣食住や教育、生活文化など）ついて、We will 〜の表現を用いて、自分の推論を述べる活動を行います。

3.2.4 You should ＋原形（高等学校）

場　面			働き・機能
人物	場所・時間	話題	（オ）F6
友だち	イベント	アニメ	助言する

［目標文］　<u>You should read</u> this comic.

［指導のポイント］　アニメに関するイベントについて、友だち同士で行っている情報交換で、ある漫画を読むように勧める助言であることを明確にして「（オ）相手の行動を促す」の「機能6：助言する（よく知っている相手に何かをするように助言する）」働きについて説明を行うようにします。

［指導展開例］

［場面提示］T: Ken and his friends are talking in the classroom. Now they are talking about an animation event.

［気づきを促す］T: Do you know this comic?（S: Yes./No.）Did you read that? How do you like it?（S: I like it very much./That's so exciting.）

［意味推測］T: Ken wants his friends to read the comic and says, "This comic is very exciting, so you should read this comic." Can you guess the meaning of this sentence?

［言語活動例］自分が好きな漫画を1つ取り上げさせて、好きな理由を述べて相手に読むように助言する活動を行います。一方的に伝えるだけでなく、相手の発言内容についてはメモを取らせるようにします。

3.3 不定詞の指導例

3.3.1 We went … to- 不定詞（中学校）

場　面			働き・機能
人物	場所・時間	話題	（ウ）F1
家族	旅行先	目的	説明する

［目標文］　We went to the park to see beautiful roses.

［指導のポイント］　家族での旅行先として公園を訪れた目的を伝えるEメールの1文であることを明確にして「（ウ）事実・情報を伝える」の「機能1：説明する（目的や理由を説明する）」働きについて説明を行うようにします。

［指導展開例］

［場面提示］T: This is a picture of Ken's family. Where are they now?（S: In a park.）Yes. They are in a famous park in Yokohama. They visited the park last Sunday.

［気づきを促す］T: Why did they visit the park?（S: No, I don't.）Look. There are a lot of beautiful roses in the park. It is very famous for the roses.

［意味推測］T: Ken sent an email to Mary. He wrote, "I visited a park with my family. We went to the park to see beautiful roses." Can you guess the meaning of this sentence?

［言語活動例］週末に各生徒が訪れた場所を1つ取り上げさせて、訪問の目的を伝え合う活動を行います。一方的に伝えるだけでなく、相手の発言内容についてはメモを取らせるようにします。

3.3.2 I want to- 不定詞（中学校）

場　面			働き・機能
人物	場所・時間	話題	（イ）F8
友だち	教室・授業	未来	望む

［目標文］　<u>I want to see a bright future.</u>

［指導のポイント］　未来についての教室での意見交換で、友だちの1人が述べた未来に対する願望であることを明確にして「（イ）気持ちを伝える」の「機能8：望む（希望を表明する）」働きについて説明を行うようにします。

［指導展開例］

［場面提示］T: Look at this picture. Ken is talking with his friends in the classroom. What are they talking about?（S: I don't know.）They are talking about their future.

［気づきを促す］T: Do you think about your future?（S: Yes, I do./No, I don't.）Is your future bright or dark?（S: I think it's bright/dark. I don't know.）

［意味推測］T: This is one of Ken's friends. He says, "I don't know about my future, but I want to see a bright future." Can you guess the meaning of this sentence?

［言語活動例］未来に対して望むことを各自に考えさせ、4～5名程度のグループで意見交換を行い、全体で発表を行わせるようにします。

3.3.3　I have to- 不定詞（中学校）

場　面			働き・機能
人物	場所・時間	話題	（ウ）F1
友だち	教室・授業	将来の夢	説明する

［目標文］　<u>I have to study</u> both Japanese and English because I want to
　　　　　be a translator.

［指導のポイント］　教室での将来についての意見交換で、友だちの1人が述べた意見であることを明確にして「（ウ）事実・情報を伝える」の「機能1：説明する（義務を表明する）」働きについて説明を行うようにします。

［指導展開例］

［場面提示］T: Ken and his friends are talking about their future in the classroom. Now they are talking about their future jobs.

［気づきを促す］T: What do you want to be in your future?（S: I want to be a pilot./I don't know.）What are you going to do to be a pilot?（S: I am going to study hard.）

［意味推測］T: One of Ken's friends says, "I want to be a translator, so I have to study both Japanese and English." Can you guess the meaning of this sentence?

［言語活動例］3.3.2 の活動で、未来に向けて自分たちが取り組まなければならないことを付け加えて 4〜5 名程度のグループで意見交換や発表を行い、全体で発表を行わせるようにします。

3.3.4　ask 〜 to- 不定詞（高等学校）

場　　面			働き・機能
人物	場所・時間	話題	（オ）F2
高校生	特別活動	レストラン	依頼する

［目標文］　I'll <u>ask</u> you <u>to sell</u> some vegetables.

［指導のポイント］　特別活動でレストラン経営に取り組んでいる高校生が、食材である野菜を調達するために行った発言であることを明確にして「（オ）相手の行動を促す」の「機能 2 : 依頼する（誰かに何かをするように依頼する）」働きについて説明を行うようにします。

［指導展開例］

［場面提示］T: On weekends the high school students open their restaurant. They are going to serve curry and rice to the guests this weekend.

［気づきを促す］T: What do you need to cook curry and rice?（S: We need meat and vegetables./I don't know.）How do the students get things for cooking?

［意味推測］T: One of the students called a local supermarket and said, "I'll ask you to sell some vegetables." Can you guess the meaning of this sentence?

［言語活動例］レストラン経営に関わる高校生の一人として、提供するメニューを 1 つ考え、必要な食材を電話で注文する活動を行います。

3.3.5　want ～ to- 不定詞（高等学校）

場　面			働き・機能
人物	場所・時間	話題	（オ）F3
高校生	特別活動	レストラン	誘う

［目標文］　We <u>want</u> you <u>to come and enjoy</u> the meal with us.

［指導のポイント］　特別活動でレストラン経営に取り組んでいる高校生たちからのメッセージであることを明確にして「（オ）相手の行動を促す」の「機能3：誘う（誰かに何かをするように誘う）」働きについて説明を行うようにします。

［指導展開例］

［場面提示］T: On weekends the high school students open their restaurant. They organize their menu and serve a lot of foods to the guests.

［気づきを促す］T: How do the students introduce their restaurant and menu? (S: They draw/display a poster./I don't know.)

［意味推測］T: The students have their own web site and write, "We want you to come and enjoy the meal with us." Can you guess the meaning of this sentence?

［言語活動例］レストラン経営に関わる高校生の一人として、新メニューの紹介と来店の呼びかけをレストランのホームページに書き込む活動を行います。

3.4　動名詞の指導例

3.4.1　I enjoy ＋動名詞（中学校）

場　　面			働き・機能
人物	場所・時間	話題	（イ）F2
友だち	教室・授業	職業	好みを言う

［目標文］　<u>I enjoyed talking</u> about my future job.

［指導のポイント］　将来の職業について、教室で行われた意見交換における、友だちの1人の発言であることを明確にして、I enjoy ～ ing で「（イ）気持ちを伝える」の「機能2：好みを言う（好みを伝える）」働きについて説明を行うようにします。

［指導展開例］

［場面提示］T: Ken and his friends are talking in a classroom. What are they talking about now?（S: TV programs/I don't know.）They are talking about their future job.

↓

［気づきを促す］T: What do you want to be in the future?（S: I want to be a pilot./I have no idea.）In this class, each student is talking about his/her job in the future.

↓

［意味推測］T: The class is coming to an end. Then the teacher asks, "What do you think of this class?" One of Ken's friends answers, "I enjoyed talking about my future job." Can you guess the meaning of this sentence?

↓

［言語活動例］週末に各生徒が楽しんだことを1つ取り上げさせて、"What did you do last weekend?" "I enjoyed playing soccer." の形式でやり取りを行います。相手の発言内容についてはメモを取らせるようにします。

3.4.2　I know 動名詞（主語）～（高等学校）

場　面			働き・機能
人物	場所・時間	話題	（エ）F4
友だち	教室・授業	外国語	主張する

［目標文］　I know <u>studying English</u> is important.

［指導のポイント］　教室での外国語（英語）についての意見交換で、友だちの1人が述べた意見であることを明確にして「（エ）考えや意図を伝える」の「機能4：主張する（自信を持って主張する）」文としての働きについて説明し、主語の働きをする動名詞についても補足説明を行うようにします。

［指導展開例］

［場面提示］T: Look at this picture. Ken is talking with his friends in the classroom. What are they talking about? (S: I don't know.) They are talking about English.

［気づきを促す］T: You study English. Do you enjoy studying English? (S: Yes, I do./ No, I don't.) Is English important to you? (S: I think it's important./I don't know.)

［意味推測］T: This is one of Ken's friends. He thinks English is important, so he says, "I know studying English is important." Can you guess the meaning of this sentence?

［言語活動例］英語を勉強することについて各自に考えさせ、4～5名程度のグループで意見交換を行い、全体で発表を行わせるようにします。

3.4.3　How about ＋動名詞（高等学校）

場　面			働き・機能
人物	場所・時間	話題	（エ）F2
友だち	教室・授業	将来	提案する

［目標文］　<u>How about studying</u> English much harder?

［指導のポイント］　教室での外国語（英語）についての意見交換で、友だちの1人が述べた意見であることを明確にして、How about ～ing? で「（エ）考えや意図を伝える」の「機能2：提案する（よく知っている相手に提案する）」働きについて説明を行うようにします。

［指導展開例］

［場面提示］T: Look at this picture. Ken and his friends are talking in the classroom. What are they talking about?（S: I don't know.）They are talking about studying English.

⬇

［気づきを促す］T: What do you think of studying English?（S: I think it's important./I don't know.）Ken and his friends know studyng English is important.

⬇

［意味推測］T: This is one of Ken's friends. He thinks he has to study English much harder, so he says, "How about studying Englis much harder?" Can you guess the meaning of this sentence?

⬇

［言語活動例］英語を習得する方法について各自に考えさせ、4～5名程度のグループで How about ～ing? で提案させ、意見交換を行わせるようにします。

3.5　受動態の指導例

3.5.1　is loved by ～（中学校）

	場　面		働き・機能
人物	場所・時間	話題	（ウ）F1
教師・生徒	教室・放課後	絵画	説明する

［目標文］　This painting is loved by many people.

［指導のポイント］　日本人中学生がカナダ出身の ALT に、葛飾北斎の作品について話している場面であることを明確にして「（ウ）事実・情報を伝える」の「機能1：説明する（近くや離れた物などを説明する）」働きについて説明を行うようにします。

［指導展開例］

［場面提示］T: Look at this picture. Ken is talking with Mr. Jones. Mr. Jones is from Canada and teaches English at Ken's school.

［気づきを促す］T: What are they talking about?（S: A picture/painting.）Yes. They are talking about this painting. Many people like this painting very much.

［意味推測］T: Ken says, "This is a very popular painting in Japan. This painting is loved by many people." Can you guess the meaning of these sentences?

［言語活動例］4～5名程度のグループで、世界的に有名な絵画ををそれぞれ1つずつ紹介し合う活動を行います。

3.5.2　Was it painted by ～？（中学校）

場　面			働き・機能
人物	場所・時間	話題	（ウ）F8
教師・生徒	教室・放課後	絵画	質問する

［目標文］　<u>Was it painted by</u> Hokusai?
［指導のポイント］　日本人中学生がカナダ出身の ALT に、葛飾北斎の作品について話している場面であることを明確にして「（ウ）事実・情報を伝える」の「機能 8：質問する（確認のため）」働きについて説明を行うようにします。

［指導展開例］

［場面提示］ T: Look at this picture. They are Ken and Mr. Jones. Mr. Jones likes Japanese paintings. They are talking about a painting.

［気づきを促す］ T:（北斎の作品を見せて）Look at his painting. This is one of the famous Japanese paintings. Who painted it? Do you know?

［意味推測］ T: Mr. Jones knows a lot about Japanese paintings. He asks Ken, "Was it painted by Hokusai?" Ken says, "Yes. It was painted by Hokusai." Can you guess the meaning of these sentences?

［言語活動例］ペアで、世界的に有名な絵画を 3 つずつ取り上げて、作者を確認する活動を行わせるようにします。

3.5.3　is loved by ～（高等学校）

場　面			働き・機能
人物	場所・時間	話題	（ウ）F4
友だち	スピーチ	絵画	描写する

［目標文］　Her mysterious smile <u>is loved by</u> many people.

［指導のポイント］　世界的に有名な絵画（モナリザ）について、友だち同士で話している場面で、謎の微笑みの描写であることを明確にして「（ウ）事実・情報を伝える」の「機能4：描写する（物事について描写する）」働きについて説明を行うようにします。

［指導展開例］

［場面提示］T: Look at this painting. This is one of the most famous paintings all over the world. Do you know this painting?（S: Yes./No.）

［気づきを促す］T: Many people love this painting. Why do they love it? What part of this painting attracts so many people?（S: People like her smile/ Her mysterious smile.）

［意味推測］T: Her smile is mysterious and many people like it very much, so we can say, "Her mysterious smile is loved by many people." Can you guess the meaning of this sentence?

［言語活動例］自分が好きな絵画を1つ取り上げさせて、好きな理由を述べる活動を行います。一方的に伝えるだけでなく、相手の発言内容についてはメモを取らせるようにします。

3.5.4　was painted by ～（高等学校）

場　面			働き・機能
人物	場所・時間	話題	（ウ）F1
友だち	スピーチ	絵画	説明する

［目標文］　This picture <u>was painted by</u> Picasso.

［指導のポイント］　世界的に有名な絵画（ゲルニカ）について、友だち同士で話している場面で、作者の説明であることを明確にして「（ウ）事実・情報を伝える」の「機能1：説明する（近くや離れた物などを説明する）」働きについて説明を行うようにします。

［指導展開例］

［場面提示］T:（アビニョンの娘たちを見せて）Look at this painting. This is a famous painting. Who painted it? Do you know?

［気づきを促す］T: He painted it when he was young.（ゲルニカを見せて）About thirty years later, he painted this picture. They are very different.

［意味推測］T: Who painted the picture?（S: Picasso.）That's right. So we can say, "The painting was painted by Picasso." Can you guess the meaning of this sentence?

［言語活動例］4～5名程度のグループで、世界的に有名な絵画とその作者ををそれぞれ1つずつ紹介し合う活動を行います。

3.6　現在完了形・現在完了進行形・過去完了形の指導例

3.6.1　I have been ～ for … （中学校）

場　　面			働き・機能
人物	場所・時間	話題	（ウ）F1
教師・生徒	教室・授業	学校	説明する

［目標文］　I <u>have been</u> in Japan <u>for a year</u>.

［指導のポイント］　カナダ出身の ALT が、日本での１年間の生活経験を通して日本とカナダの学校の違いについて生徒たちに話している場面であることを明確にして「（ウ）事実・情報を伝える」の「機能１：説明する（近くや離れた人を説明する）」働きについて説明を行うようにします。

［指導展開例］

［場面提示］T: Look at this picture. Who is this man?（S: Mr. Jones/I don't know.）Yes. He is Mr. Jones. He teaches English at Ken's school.

[気づきを促す] T: Mr. Jones lives in Japan. When did he come to Japan?（S: Last year/I don't know.）Mr. Jones came to Japan last year and stay here.

[意味推測] T: Mr. Jones says to the students, "I came to Japan last April. I have been in Japan for a year, so now I can see some differences." Can you guess the meaning of this sentence?

[言語活動例] 各生徒に自己紹介の一部として、現住所にどのくらいの期間住んでいるかを伝え合う活動を行います。一方的に伝えるだけでなく、相手の発言内容についてはメモを取らせるようにします。

3.6.2 I have just/already ～（中学校）

場　面			働き・機能
人物	場所・時間	話題	（ウ）F2
教師・生徒	教室・放課後	コンピューター	報告する

［目標文］ I <u>have just heard</u> from Emi that you have a new computer.
［指導のポイント］　カナダ出身の ALT が教室で、ケンが新しく購入したコンピューターについて話しかけるための発言であることを明確にして「（ウ）事実・情報を伝える」の「機能 2：報告する（事実に関する情報を述べる）」働きについて説明を行うようにします。

［指導展開例］

［場面提示］T: Look at this picture. Mr. Jones is talking with Emi in the classroom. Emi says to him, "Ken bought a new computer."

［気づきを促す］T: Look at this picture. Mr. Jones is talking to Ken in the classroom. What are they talking about?（S: His new computer/I have no idea.）

［意味推測］T: Mr. Jones knows that Ken bought a new computer, so he says to Ken, "I have just heard that you have a new computer." Can you guess the meaning of this sentence?

［言語活動例］最近、入手した新しい情報を各自に考えさせ、4〜5 名程度のグループで情報提供を行い、全体で発表を行わせるようにします。

3.6.3　Have you ever ～？（中学校）

場　面			働き・機能
人物	場所・時間	話題	（ウ）F8
教師・生徒	教室・放課後	コンピューター	質問する

［目標文］　Have you ever heard the word *paso-kon*?
［指導のポイント］　ケンが教室で、カナダ出身の ALT に「パーソナル・コンピューター」の略語を聞いたことがあるかどうかを確認するための発言であることを明確にして「（ウ）事実・情報を伝える」の「機能8：質問する（確認のため）」働きについて説明を行うようにします。

［指導展開例］

［場面提示］T: Ken and Mr. Jones are talking in the classroom. Now they are talking about computers.

⬇

［気づきを促す］T:（自分のコンピューターを見せて）This is my computer. In English this is a personal computer. How do you say it in Japanese?（S: *Paso-kon.*/I don't know.）

⬇

［意味推測］T: *Paso-kon* is Japanese. Ken asks Mr. Jones, "Have you ever heard the word *paso-kon*?" Can you guess the meaning of this sentence?

⬇

［言語活動例］相手が知っているかどうかを確認してみたい言葉や用語を考えさせて、4～5名程度のグループで確認のための活動を行い、全体で発表を行わせるようにします。

3.6.4 have been ～ ing（高等学校）

場　面			働き・機能
人物	場所・時間	話題	（ウ）F4
芸人	インタビュー	話術	描写する

［目標文］　Since then, I <u>have been performing</u> in many countries.

［指導のポイント］　ある日本人落語家へのインタビューで、英語で落語を始め
た時期やきっかけなどについての質問に対する回答であることを明確にして
「（ウ）事実・情報を伝える」の「機能４：描写する（人物について描写する）」
働きについて説明を行うようにします。

［指導展開例］

［場面提示］ T: Look at this picture. What is he doing now?（S: He is talking on a stage./He is performing *rakugo* .）

［気づきを促す］ T: Three Japanese high school students and their ALT are interviewing him. They asks, "When did you start to perform English *rakugo*?"

［意味推測］ T: Kaishi answers, "I performed English rakugo in New York in 2000. Since then, I have been performing in many countries." Can you guess the meaning of this sentence?

［言語活動例］ 現在活躍中のアスリートを１人取り上げて、競技を開始した時期と今日に至るまでを紹介する文を考え、４～５名程度のグループで発表する活動を行います。

3.6.5　had ＋過去分詞（高等学校）

場　面			働き・機能
人物	場所・時間	話題	（ウ）F2
友だち	部活動	日本文化	報告する

［目標文］　Mike <u>hadn't known</u> the *wadaiko* until he came to Japan.

［指導のポイント］　アメリカから来日して、日本の高校で学んでいるマイクについての紹介文であることを明確にして「（ウ）事実・情報を伝える」の「機能2：報告する（事実に関する情報を述べる）」働きについて説明を行うようにします。

［指導展開例］

［場面提示］T: Look at his picture. This is Mike. He came from America in September and has been studying at a Japanese high school.

［気づきを促す］T: He belongs to a club. What club does he belong to?（S: Baseball/ basketball club.）He is a member of *wadaiko* club.

［意味推測］T: Mike didn't know *wadaiko* at all when he came to Japan. Mike hadn't known *wadaiko* until he came to Japan. Can you guess the meaning of this sentence?

［言語活動例］高校に入学するまで知らなかったことを1つ思い出させて、4～5名程度のグループで報告し合う活動を行います。

3.7　比較級・最上級の指導例

3.7.1　〜 er than …（中学校）

場　面			働き・機能
人物	場所・時間	話題	（ウ）F1
友だち	車中	観光地	説明する

［目標文］　Tokyo Sky Tree is <u>taller than</u> Tokyo Tower.

［指導のポイント］　これから訪れる観光名所について、移動中の車内で情報提供している１文であることを明確にして「（ウ）事実・情報を伝える」の「機能１：説明する（近くや離れた物などを説明する）」働きについて説明を行うようにします。

［指導展開例］

［場面提示］T: Look at this picture. Ken and Mike are going to Tokyo Sky Tree and they are talking in a car now.

⬇

［気づきを促す］T: How tall is Tokyo Sky Tree?（S: It's 634meters tall./I don't know.）Look. This is Tokyo Tower. It's 333 meters.

⬇

［意味推測］T: Ken says to Mike, "Tokyo Sky Tree is taller than Tokyo Tower." Can you guess the meaning of this sentence?

⬇

［言語活動例］ペアで日本地図を見ながら、任意の都道府県を２つ取り上げて、どちらが大きいか説明する活動を行います。比較した結果についてはメモを取らせるようにします。

3.7.2　the ～ est in … （中学校）

場　面			働き・機能
人物	場所・時間	話題	（ウ）F1
友だち	車中	観光地	説明する

［目標文］　Tokyo Sky Tree is <u>the tallest in</u> Japan.

［指導のポイント］　これから訪れる観光名所について、移動中の車内で情報提供している1文であることを明確にして「（ウ）事実・情報を伝える」の「機能1：説明する（近くや離れた物などを説明する）」働きについて説明を行うようにします。

［指導展開例］

［場面提示］T: Look at this picture. Ken and Mike are going to Tokyo Sky Tree and they are talking in a car now.

［気づきを促す］T: Tokyo Sky Tree is taller than Tokyo Tower. Is there a taller tower than Tokyo Sky Tree in Japan? Do you know?（S: Yes, I do./No, I don't.）

［意味推測］T: Ken says to Mike, "Tokyo Sky Tree is the tallest in Japan." Can you guess the meaning of this sentence?

［言語活動例］日本や世界で一番と考えられる事物を各自に考えさせ、4～5名程度のグループで発表を行い、全体に報告を行わせるようにします。

3.7.3　more ～ than … （高等学校）

場　面			働き・機能
人物	場所・時間	話題	（ウ）F2
友だち	教室・授業	外国	報告する

［目標文］　The *bon* dance is <u>more popular than</u> any other dances in Japan.

［指導のポイント］　英語の授業での諸外国の文化についての発表で、友だちが行った報告であることを明確にして「（ウ）事実・情報を伝える」の「機能2：　報告する（事実を強調して伝える）」働きについて説明を行うようにします。

［指導展開例］

［場面提示］ T: Ken and his friends are talking about foreign countries in English class. Now they are talking about dances in foreign countries.

［気づきを促す］ T: What dances do many Japanese enjoy?（S: *Bon* dance./I don't know.）Many Japanese people enjoy *bon* dance in Japan.

［意味推測］ T: One of Ken's friends says, "The *bon* dance is more popular than any other dances in Japan." Can you guess the meaning of this sentence?

［言語活動例］ スポーツや芸術等のジャンルの中から、日本で人気があると考えられるものを選び、4～5名程度のグループで発表を行い、全体に報告を行わせるようにします。

3.7.4　the most ～ in …（高等学校）

場　面			働き・機能
人物	場所・時間	話題	（ウ）F2
友だち	教室・授業	外国	報告する

［目標文］　The *bon* dance is one of <u>the most famous</u> dances in the world.

［指導のポイント］　英語の授業での諸外国の文化についての発表で、友だちが行った報告であることを明確にして「（ウ）事実・情報を伝える」の「機能2：報告する（事実を強調して伝える）」働きについて説明を行うようにします。

［指導展開例］

［場面提示］T: The *bon* dance is more popular than any other dances in Japan. Are there any famous dances in Japan?（S: *Awa odori* dance/I don't know.）

［気づきを促す］T: There are many famous dances all over the world, such as the Samba of Brazil, the Flamenco of Spain and so on.

［意味推測］T: One of the students says, "The *bon* dance is one of the most famous dances in the world." Can you guess the meaning of this sentence?

［言語活動例］文学作品や映画等の中から、世界的に有名と考えられるものを選び、4～5名程度のグループで発表を行い、全体に報告を行わせるようにします。

3.7.5 ～ times as … as（高等学校）

場　　面			働き・機能
人物	場所・時間	話題	（ウ）F2
友だち	教室・授業	エネルギー	報告する

［目標文］　The total amount of CO_2 is more than two times as much as in 1970.

［指導のポイント］　英語の授業におけるエネルギー問題についての意見交換で、友だちの1人の発言であることを明確にして「（ウ）事実・情報を伝える」の「機能2：報告する（事実を強調して伝える）」働きについて説明を行うようにします。

［指導展開例］

［場面提示］T: Ken and his friends are talking about energy in English class. Now they are talking about the problem of carbon dioxide.

⬇

［気づきを促す］T:（排出量推移グラフを見せながら）The amount of carbon dioxide was 141 hundred million tons in 1970, but it was 328 hundred million tons in 2017.

⬇

［意味推測］T: One of the students says, "The total amount of CO_2 is more than two times as much as in 1970." Can you guess the meaning of this sentence?

⬇

［言語活動例］各国の二酸化炭素排出量の推移グラフを参照し、倍数表現を活用して増加量を4〜5名程度のグループで報告する活動を行います。

3.8　現在分詞・過去分詞・分詞構文の指導例

3.8.1　NP ＋現在分詞（中学校）

場　面			働き・機能
人物	場所・時間	話題	（ウ）F1
友だち	教室・授業	ロボット	説明する

［目標文］　Look at the robot speaking English.

［指導のポイント］　中学生が教室で、いろいろなロボットについて話している場面であることを明確にして「（オ）相手の行動を促す」の「機能4：命令する（誰かに何かをするように命令する）」文としての働きについて説明し、robot を説明する speaking についても補足説明を行うようにします。

［指導展開例］

［場面提示］T: Ken is talking about robots with Mike. Look at this picture. There are many types of robots in the picture.

⬇

［気づきを促す］T: What is this robot doing?（S: It is moving/speaking/painting.）Yes. It is speaking. What language is it speaking?

⬇

［意味推測］T: The robot is speaking English, so Ken says, "Look at the robot speaking English." Can you guess the meaning of these sentences?

⬇

［言語活動例］それぞれ異なる機能をもつロボットを指さしながら、ペアで紹介し合う活動を行います。

3.8.2　NP ＋過去分詞（中学校）

場　面			働き・機能
人物	場所・時間	話題	（ウ）F1
友だち	教室・授業	ロボット	説明する

［目標文］　The language spoken by the robot is French.

［指導のポイント］　中学生が教室で、ロボットの機能について話している場面であることを明確にして「（ウ）事実・情報を伝える」の「機能1：説明する（近くや離れた物などを説明する）」働きについて説明を行うようにします。

［指導展開例］

［場面提示］ T: Ken and Mike are talking about a robot. Look at this picture. This is a robot speaking English.

⬇

［気づきを促す］ T: (別のロボットを見せて) Look at this robot. It doesn't speak English. What language is spoken by the robot? (S: Japanese/Chinese/French.)

⬇

［意味推測］ T: Mike asks Ken, "What language is spoken by the robot?" Ken says, "The language spoken by the robot is French." Can you guess the meaning of these sentences?

⬇

［言語活動例］ ペアで、国名と話されている言語を3つずつ取り上げて、確認する活動を行わせるようにします。

3.8.3　分詞構文（高等学校）

場　面			働き・機能
人物	場所・時間	話題	（ウ）F5
書き手	説明文	戦争	理由を述べる

［目標文］　<u>Relaxing in Okinawa,</u> many people feel better.

［指導のポイント］　かつて悲惨な戦場となった沖縄に関する説明文の中で、筆者が現在の沖縄について述べている場面であることを明確にして、「（ウ）事実・情報を伝える」の「機能5：理由を述べる（あまり重要でない理由を述べる）」働きについて説明を行うようにします。

［指導展開例］

［場面提示］T: Look at this picture. Now Okinawa is one of the most popular resorts in Japan. Many people visit Okinawa every year.

［気づきを促す］T: How do many people feel in Okinawa?（S: They feel happy/good.）Many people relax in Okinawa, so they feel better.

［意味推測］T: Since many people relax in Okinawa, they feel better. We can say, "Relaxing in Okinawa, many people feel better." Can you guess the meaning of this sentence?

［言語活動例］自分が訪れてみたい場所を1つ取り上げさせて、訪問理由を述べる活動を行います。一方的に伝えるだけでなく、相手の発言内容についてはメモを取らせるようにします。

3.8.4 分詞構文 (高等学校)

場　面			働き・機能
人物	場所・時間	話題	(ウ) F2
書き手	説明文	人種差別	報告する

［目標文］　Black children went to school, protected by a police officer.

［指導のポイント］　アメリカにおける人種差別に関する説明文の中で、筆者が黒人の子どもたちが通学するときの状況について報告している場面であることを明確にして、「(ウ) 事実・情報を伝える」の「機能2：報告する（事実に関する情報を述べる）」働きについて説明を行うようにします。

［指導展開例］

［場面提示］T：(黒人の子どもたちを見せて) Look at this picture. These are black children. They are going to school.

［気づきを促す］T：(警官を指して) Who is he? (S: He is a policeman/police officer.) That's right. He protected the black children when they went to school.

［意味推測］T: So we can say, "Black children went to school, protected by a police officer." Can you guess the meaning of this sentence?

［言語活動例］各生徒に日常生活の中で「同時にしていること」を考えさせて、4〜5名程度のグループで報告し合う活動を行います。

3.9　関係代名詞・関係副詞の指導例

3.9.1　関係代名詞 who（中学校）

場　面			働き・機能
人物	場所・時間	話題	（ウ）F1
乗客	機内	海外旅行	説明する

［目標文］　I have a friend who lives in New York.

［指導のポイント］　アメリカに向かう飛行機の機内で、日本人中学生が隣り合わせた乗客とアメリカでの滞在先や訪問を予定している観光地について話している場面であることを明確にして「（ウ）事実・情報を伝える」の「機能1：説明する（近くや離れた人を説明する）」働きについて説明を行うようにします。

［指導展開例］

［場面提示］T: Look at this picture. Ken is going to New York now. He checked in at the airport and is boarding the plane.

［気づきを促す］T: An old American lady is sitting next to Ken. She says, "This seat is mine. I'm going back to the US. How about you?"

［意味推測］T: Ken answers, "I have a friend who lives in New York. I'm going to meet him." Can you guess the meaning of these sentences?

［言語活動］各生徒に自分の友だち3名について考えさせ、I have a friend who 〜を用いてペアで紹介し合う活動を行います。

3.9.2 関係代名詞 that（中学校）

場　面			働き・機能
人物	場所・時間	話題	（ウ）F1
乗客	機内	観光地	説明する

［目標文］　The Statue of Liberty is <u>a present that was given by French people</u>.

［指導のポイント］　アメリカに向かう飛行機の機内で、中学生に隣り合わせたアメリカ人乗客がニューヨークの観光地について話している場面であることを明確にして「（ウ）事実・情報を伝える」の「機能1：説明する（近くや離れた物などを説明する）」働きについて説明を行うようにします。

［指導展開例］

［場面提示］T: Ken and the lady are talking in the plane. Look at this picture. They are talking about a famous statue.

⬇

［気づきを促す］T: Ken wants to see this statue in New York. What is this?（S: The Statue of Liberty/I don't know.）

⬇

［意味推測］T: The lady says, "Oh, it's the Statue of Liberty. The Statue is a present that was given by France." Can you guess the meaning of these sentences?

⬇

［言語活動例］各生徒に自分がもらったプレゼントを3つ想い出させ、誰から贈られたプレゼントであるかを説明するペア活動を行わせるようにします。

3.9.3　関係代名詞 what（高等学校）

場　面			働き・機能
人物	場所・時間	話題	（エ）F4
参加者	SNS	乗り物	主張する

［目標文］　I think eco-cars are <u>what we really need</u> in twenty-first century.

［指導のポイント］　高校生がさまざまな乗り物について意見交換を行う SNS に、参加者の１人が行った投稿であることを明確にして、「（エ）考えや意図を伝える」の「機能４：主張する（自分の意見を表明する）」文としての働きについて説明し、関係代名詞 what の補足説明も行うようにします。

［指導展開例］

［場面提示］T: Young people spend so much time on social media. What social media do you use?（S: Instagram/Twitter/Facebook.）

［気づきを促す］T: There is a social media for high school students to talk about vehicles, such as cars, motorcycles, bikes and so on.

［意味推測］T: One of the students posts, "I think eco-cars are what we really need in twenty-first century." Can you guess the meaning of this sentence?

［言語活動例］自分が「21 世紀においてどうしても必要になると考えるもの」を１つ考えさせ、4〜5 名程度のグループで発表し、全体に報告する活動を行います。

3.9.4 関係代名詞 which の非制限用法 （高等学校）

場　面			働き・機能
人物	場所・時間	話題	（イ）F2
音楽家	学生生活	音楽活動	好みを言う

［目標文］ I love jazz , <u>which</u> is originally played by black Americans.

［指導のポイント］　ある音楽家が、学生時代に経験したアメリカ生活についての回想で、ジャズとの出会いについて語っている場面であることを明確にして、「（イ）気持ちを伝える」の「機能2：好みを言う（好みを伝える）」文としての働きについて説明し、which の用法についても補足説明を行うようにします。

［指導展開例］

［場面提示］ T：（音楽家の写真を見せて）Look at this picture. He is one of the famous musicians in Japan. Do you know him? （S: Yes, I do./No, I don't.）

［気づきを促す］ T: When he was a university student, he went to the US and studied music. During his stay, he met jazz.

［意味推測］ T: Jazz is Black American music and he liked it very much, so he says, "I love jazz, which is originally played by black Americans." Can you guess the meaning of this sentence?

［言語活動例］ 各生徒に「自分が気にいっている物や好きなもの」を1つ取り上げ、どういうものか説明を付け加えさせて、4〜5名程度のグループで発表し合う活動を行います。

3.9.5 関係副詞 where（高等学校）

場　面			働き・機能
人物	場所・時間	話題	（ウ）F1
友だち	E メール	海外旅行	説明する

［目標文］ I'm going to visit a village <u>where</u> we can see many beautiful
gardens.

［指導のポイント］ 海外旅行中の滞在先から友人に宛てた E メールの中で、
これから観光を予定している訪問先について説明している場面であることを明
確にして、「（ウ）事実・情報を伝える」の「機能1：説明する（予定や計画を
説明する）」文としての働きを説明し、village +where 節についても補足説明
を行うようにします。

［指導展開例］

［場面提示］T：（ロンドンの風景写真を見せて）Look at this picture. Now Ken is visiting the UK. He is writing email to Mike.

［気づきを促す］T：（庭園の写真を見せて）This is a beautiful English garden. It is in a small village and Ken is going to visit the village.

［意味推測］T: So he writes, "I'm going to visit a village, where we can see many beautiful gardens." Can you guess the meaning of this sentence?

［言語活動例］各生徒に「週末に行きたい場所」を考えさせ、その場所の説明を付け加えて、4～5名程度のグループで発表し合う活動を行います。

3.9.6　関係副詞 when〔高等学校〕

場　面			働き・機能
人物	場所・時間	話題	（イ）F8
友だち	E メール	海外旅行	望む

〔目標文〕　I hope you will never forget the time <u>when</u> we spent together.
〔指導のポイント〕　海外旅行中の滞在先に宛てたEメールの中で、親しくなった友だちに、滞在中のお礼と今後について述べている場面であることを明確にして、「（イ）気持ちを伝える」の「機能8：望む（希望を表明する）」文としての働きを説明し、time +when 節についても補足説明を行うようにします。

〔指導展開例〕

〔場面提示〕T: Ken stayed at John's house in the UK. He had a very good time with John's family. He came back and is in Japan now.

〔気づきを促す〕T: Now Ken is writing email to John. He wants to express his feeling about the stay in the country.

〔意味推測〕T: Ken writes in email, "I hope you will never forget the time when we spent together." Can you guess the meaning of this sentence?

〔言語活動例〕自分が忘れることができない出来事を1つ取り上げさせて、それがどのような瞬間・時間であるかを述べるペア活動を行います。相手の発言内容についてはメモを取らせるようにします。

3.10　仮定法過去・仮定法過去完了の指導例

3.10.1　If ～ 過去形（中学校）

場　面			働き・機能
人物	場所・時間	話題	（エ）F10
友だち	教室・授業	国際協力	仮定する

［目標文］　If I had a lot of pens and notebooks, I would donate them.

［指導のポイント］　教室での国際協力についての意見交換で、発展途上国支援のために自分たちに何ができるか、友だちの1人が述べた意見であることを明確にして「（エ）考えや意図を伝える」の「機能10：仮定する（現在の事実と反対の仮定）」働きについて説明を行うようにします。

［指導展開例］

［場面提示］T: Look at this picture. In Mr. Jones' English class, Ken and his friends are thinking how to help children in poor countries.

⬇

［気づきを促す］T: What do the children really need in poor countries? （S: They need schools/food/money.）

⬇

［意味推測］T: One of Ken's friend says, "I think they need pens and notebooks. If I had a lot of pens and notebooks, I would doneate them." Can you guess the meaning of these sentences?

⬇

［言語活動］4～5名程度のグループで、実際には持ち合わせていないが支援のために必要と考えられるものをそれぞれ1つずつ紹介し合う活動を行います。

3.10.2　I wish〜過去形（高等学校）

場　　面			働き・機能
人物	場所・時間	話題	（イ）F8
書き手	説明文	天体観測	望む

［目標文］　<u>I wish I could see</u> a faraway galaxy.

［指導のポイント］　長年にわたり天体観測を続けている日本の科学者が、天体観測の魅力と困難さについて述べた説明文の中で、実現できていない願望について記述されている場面であることを明確にして「（イ）気持ちを伝える」の「機能8：望む（欲求・願望を表現する）」働きについて説明を行うようにします。

［指導展開例］

［場面提示］T：（ハワイ島の写真を見せて）Look at this picture. At the top of this mountain, there is one of the most powerful space telescopes.

［気づきを促す］T: Japanese scientists have been observing the stars and found different types of galaxies, but there are so many galaxies far away.

［意味推測］T: One of the Japanese scientists say, "I wish I could see a faraway galaxy." Can you guess the meaning of this sentence?

［言語活動例］自分が実現できていない願望を3つ考えて、ペアで意見交換する活動を行わせるようにします。

3.10.3　If 〜 過去完了形（高等学校）

場　面			働き・機能
人物	場所・時間	話題	（エ）F10
パティシエ	インタビュー	スイーツ	仮定する

［目標文］　If I had not taken her advice, I might have had little interest
　　　　　in sweets.

［指導のポイント］　パティシエの世界コンクールで優勝した日本人パティシエ
にインタビューしている場面で、スイーツに興味を持ったきっかけについての
説明であることを明確にして「（エ）考えや意図を伝える」の「機能10：仮定
する（過去の事実と反対の仮定）」働きについて説明を行うようにします。

［指導展開例］

［場面提示］T: Look at this picture. She is one of the most famous patissiers all over the world. When she was a child, she liked eating a sweet, but she was not so interested in it.

⬇

［気づきを促す］T: One day her mother said to her, "Sweets makes people happy." When she heard the words, she wanted to make sweets for many people.

⬇

［意味推測］T: She says, "If I had not taken my mother's advice, I might have had little interest in sweets." Can you guess the meaning of this sentence?

⬇

［言語活動例］自分の過去をふりかえり、アドバイスがなければ実現していなかったと思われることを1つ取り上げて、4〜5名程度のグループで発表し合う活動を行います。

参 考 文 献

Brown, H.D. (2007). *Teaching by principles: An interactive approach to language pedagogy* (3rd ed.). Pearson Education.

Brown, H.D. (2014). *Principles of language learning and teaching* (6th ed.). Pearson Education.

Celece-Murcia, M., & Larsen-Freeman. (1999). *The grammar book: An ESL/EFL teacher's course* (2nd ed.). Heinle.

Cook, V. (2016). *Second language learning and language teaching*. Routledge.

Council of Europe (2001). Common European Framework of Reference for Languaes: 4 Language use and the language user/learner. Available from http://www.coe.int/t/dg4/linguistic/Source/ Framework_EN.pdf.

Ellis, R. (2015). *Understanding second language acquisition*. Oxford University Press.

Finocchiaro, M., & Brumfit, C. (1983). *The functional-notional approach: From theory to practice*. Oxford University Press.

フィノキアーロ M.・ブラムフィット C. ／織田稔・萬戸克憲 (訳) (1987).『言語活動中心の英語教授法』大修館書店.

Harmer, J. (2013). *The practice of English language teaching* (4th ed.). Pearson Education Limited.

Hedge, T. (2000). *Teaching and learning in the language classroom*. Oxford University Press.

Jones, R. H., & Lock, G. (2011). *Functional grammar in the ESL classroom: Noticing, exploring and practicing*. Palgrave Macmillan.

金子朝子・松浦伸和 (編) (2017).『中学校新学習指導要領の展開 外国語科編』明治図書.

笠島準一・小串雅則・阿野幸一・関典明 (編) (2021). *New Horizon English Course Book 2.* 東京書籍.

Keller, E., & Warner, S. T. (1988). *Conversation gambits: Real English conversation practices*. Language Teaching Publications.

Kirkpatrick, B. (2004). *Social expressions*. Learners Publishing.

小泉仁 (1999).「新学習指導要領におけるコミュニケーションのとらえ方」『英語教育』第 48 巻第 4 号, pp.22-24.

Larsen-Freeman, D. (2003). *Teaching language: From grammar to grammaring*. Boston, Heinle.

Leech, G., & Svartvik, J.（2002）. *A communicative grammar of English*. Longman.

松浦伸和（2008）.「第3章　言語活動の取り扱い」平田和人（編）.『中学校新学習指導要領の展開　外国語科英語編』明治図書.

McDonough, J., & Shaw, C.（2003）. *Materials and methods in ELT: A teacher's guide*. Blackwell Publishing.

文部科学省（1989）.『中学校学習指導要領解説 外国語編』開隆堂.

文部科学省（1999）.『高等学校学習指導要領解説 外国語編』開隆堂.

文部科学省（2008）.『中学校学習指導要領解説 外国語編』開隆堂.

文部科学省（2010）.『高等学校学習指導要領解説 外国語編』開隆堂.

文部科学省（2018）.『中学校学習指導要領解説 外国語編』開隆堂.

文部科学省（2019）.『高等学校学習指導要領解説 外国語編』開隆堂.

モロウ K.（編）和田稔・高田智子・緑川日出子・柳瀬和明・齋藤嘉則（訳）（2013）.『ヨーロッパ共通参照枠（CEFR）から学ぶ英語教育』研究社.

西澤正幸（1999）.「学校現場ではこう読む［高校］― 新学習指導要領が問いかけているもの」『英語教育』第48巻第4号，pp.18-19.

Richards, J. C., & Rodgers, T.（2001）. *Approaches and methods in language teaching*. Cambridge University Press.

Richards, J. C., & Renandya, W. A.（Eds.）.（2008）. *Methodology in in language teaching*. Cambridge University Press.

佐藤喬・追村純男（1984）.『表現機能別による日常会話パターン222』日本英語教育協会.

Schmitt, N.（Ed.）.（2002）. *An introduction to applied linguistics*. Arnold.

塩澤利雄・伊部哲・国城寺信一・小泉仁（2005）.『新英語科教育の展開（新訂版）』英潮社.

白井恭弘（2008）.『外国語学習の科学 ― 第二言語習得論とは何か ―』岩波書店.

白井恭弘（2012）.『英語教師のための第二言語習得論』大修館書店.

Skehan, P.（1998）. *A cognitive approach to language learning*. Oxford University Press.

Skehan, P.（2018）. *Second language task-based performance: Theory, research, assessment*. Routledge.

杉田由仁（2016）.『英語で英語を教える授業ハンドブック』南雲堂.

杉田由仁（2021）.「言語の使用場面を重視した文法指導へ ― 中学校・高等学校における不定詞の指導例 ―」『英語教育』第70巻第4号，pp.18-19.

Swan, M.（2005）. *Grammar*. Oxford University Press.

高橋朋子（2017）.『相手と場面で使い分ける英語表現ハンドブック』アルク.

高梨庸雄・高橋正夫・カールアダムス・久埜百合（編）（2004）.『教室英語活用事典（改訂版）』研究社.

高島英幸（2005）.『文法項目別英語のタスク活動とタスク ― 34の実践と評価』大修館書店

高島英幸（編）(2011). 『英文法導入のためのフォーカス・オン・フォーム・アプローチ』大修館書店

田中正道（編）(2000). 『英語の使用場面と働きを重視した言語活動―指導と評価の実際』教育出版.

Ur, P. (2014). *Grammar practice activities: A practical guide for teachers* (2nd ed.). Cambridge University Press.

van Ek, J. A. (1979). *The threshold level for modern language learning in schools*. Council of Europe.

van Ek, J. A., & Trim, J. L. M. (1990). *Threshold level 1990*. Council of Europe.

脇山怜（1999). 『英語表現のトレーニング』講談社.

Wilkins, D. A. (1985). *Notional syllabus*. Oxford University Press.

米山朝二・松沢伸二（訳）(1998). 『新しい英語教育への指針 ― 中級学習者レベル〈指導要領〉』大修館書店.

索　引

■著者紹介

杉田　由仁　（すぎた　よしひと）

　　　明治学院大学文学部教授

　　　早稲田大学大学院博士課程修了

　　　博士（教育学）

　　　主な著書：

　　　『英語で英語を教える授業ハンドブック：オーラル・メソッドによる
　　　　英語授業と文法指導』（南雲堂、2016 年）

　　　『日本人英語学習者のためのタスクによるライティング評価法』（大学
　　　　教育出版、2013 年）など

英語授業における
「言語の使用場面」と「言語の働き」活用ガイド

2021 年 11 月 30 日　初版第 1 刷発行

■著　　者――杉田由仁
■発 行 者――佐藤　守
■発 行 所――株式会社 大学教育出版
　　　　　　　〒700-0953　岡山市南区西市 855-4
　　　　　　　電話（086）244-1268　FAX（086）246-0294
■印刷製本――モリモト印刷 ㈱

ISBN978－4－86692－152－5